こうぶん エデュ

プレ漢字ワーク

4年

読み書きが苦手な子どもに

漢字を楽しむ1冊を！

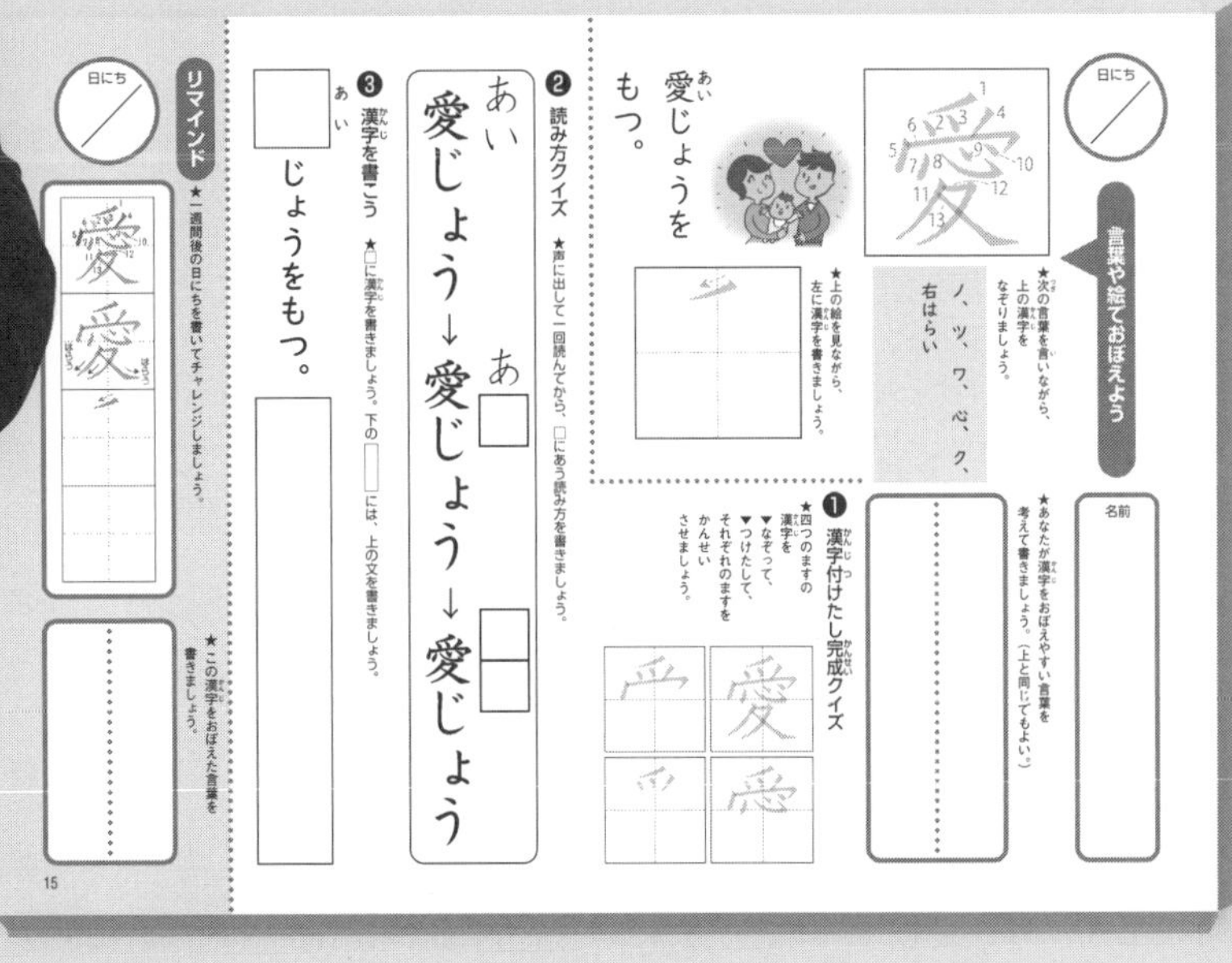

3大ポイント

- 何度でも使える **コピーフリー！**
- 負担のない **1漢字で1枚～！**
- 楽しみながら取り組める **クイズ形式！**

【監修】
小池 敏英　特別支援教育
尚絅学院大学教授
東京学芸大学名誉教授

学ぶことが好きになる。
光文書院

はじめに

漢字の書き取りは、子どもにとって大切な学習課題です。はじめて読む文でも、漢字単語を読むだけで、何について書いているのか、すぐに知ることができます。それだけ大切な学習なので、努力して繰り返し練習することを、子どもに求めてきました。

しかし、繰り返し練習だけでは、うまく習得できない場合があります。うまく習得できない場合には、はじめは積極的に練習しても、すぐにドリルを放り出してしまいます。

そのような子どもの中には、「読み間違いが多く、教科書の音読が苦手」という子どももいます。また、「読むことは苦手でないが、書くことが苦手」という子どもや「漢字の小テストが半分もできない」という子どもがいます。「ノートの文字がぐちゃぐちゃで、後で読むことができない」という子どももいます。

苦手の原因や背景には、「学習障害（LD）」だけではなく、読み書きの発達の偏りがあります。また、注意の困難、社会性の困難も関係します。背景はさまざまですが、支援する上で共通して大切なことは、子どもが取り組むことのできる教材を通して、読み書きに対する苦手意識の軽減を図ることです。

この「プレ漢字ワーク」では、子どもがチャレンジできて、読み書きの基礎スキルを伸ばすことができるような課題を作りました。「部品を意識し、視覚的に慣れる課題」や、「書字の手がかりとなる言葉を覚えたりする課題」を含むワークを通して、読み書きの基礎スキルを伸ばします。これらのワークは、「漢字をすぐに書き始めて反復練習する」段階の前段階にある漢字ワーク（プレ漢字ワーク）として位置づけました。また、漢字書字の手がかりをリマインドできるように、ワークの構成を工夫しました。学習努力に応じた定着を経験する中で、子どもの注意力と学習に向かう力を促します。

【プレ漢字ワークの目的と期待される効果】

漢字学習が苦手な子どもでは、注意力の維持に配慮した課題の中で、読み書きの基礎スキルの形成を促すことが効果的です。また、学習努力に応じて、学習漢字が定着できるように配慮することが大切です。

「プレ漢字ワーク」は、読み書きの基礎スキルを促す中で、読み書きの力を伸ばすことを目的としました。また、リマインドの手続きを通して、学習漢字の定着をはかることを目的としました。

期待される効果は、次の3つです。

①読み書きの基礎スキルを促し、漢字学習を改善します。

文字をまとまりとして読むスキルを促す課題により、漢字を読む力の基礎を育てます。また、漢字の部品を意識して組み立てるスキルを促すことにより、複雑な漢字を意識して書く力を育てます。

②リマインドの手続きにより、漢字の定着をはかります。

漢字書字の手がかりを無理なくリマインドできるように、ワークの構成を工夫しました。これにより、学習努力に応じた定着を経験する中で、子どもの注意力と学習に向かう力を促します。

③「くりかえし」による漢字ドリルの学習に、無理なくつなげます。

漢字の読み書きの基礎スキルを身につけ、漢字の部品を組み立てる力が育つことを通して、「くりかえし」による漢字ドリルでも、効果的に学習できるようになります。

【監修：小池敏英】

中学年（三・四年生）の読み書き

ここでは、小学校中学年で読み書きの苦手を示す子どものうちで、代表的な事例や、その支援について考えます。また、そのなかで、本ワークブックが効果的な事例について述べます。

【1】三年生のAさんは、国語が苦手で、教科書の音読に苦労しています。漢字単語と特殊音節の単語の読みが苦手です。「にゃ」や「みゃ」などの特殊音節表記の読み書きに誤りが多いので、作文を書くことを嫌がります。

◆◆支援の考え方◆◆

特殊音節単語の習得が難しい子どもに対しては、音記号カードの利用が効果的です。清音、促音（っ）、はつ音（ん）は、一文字に一枚、よう音（きゃ等）は二文字で一枚の音記号カードにします。指導者が単語を言い、それに対応した音記号カードを選んで組立てさせます（図1）。その後、ひらがなカードを組み立てるようにします（図2）。

図1

「きって」を組み立ててください

図2

「きって」を組み立ててください

【2】四年生のBさんは、漢字単語の読みに強い苦手を示します。B君は、視覚的にイメージしやすい単語（「家族」「公園」「交番」「銀行」「写真」）を読めますが、視覚的にイメージしにくい単語（「年代」「市立」「地区」「世代」「意見」等）を読めません。また、Bさんは聴覚記憶に弱さをもっています。

◆◆支援の考え方◆◆

聴覚記憶に弱さをもつ子どもでは、教材の視覚的イメージを高めることにより、記憶しやすくなることが分かっています。教材の視覚的イメージを高める手続きを紹介します。

絵カードを見せ、何の絵かを確認します。次に、絵カードの上に、漢字カードをずらして置き、漢字カードを読ませます。子どもは、絵を手がかりに、漢字カードを読みます。

その後、絵の面積が小さくなるように漢字カードをずらして読ませます（図3）。子どもは、絵の記憶に基づいて読むようになります。この手続きを繰り返すことで、漢字カードだけで読めるようになります。

図3

さんすう
算数
算数

教科書の中の漢字単語の読みの改善には、スマイル・プラネットからダウンロードできるプリント教材も利用できます（図4）。

このプリントでは、単語を検索する課題や単語を完成させる課題により、漢字の読みの定着を図ります。

漢字単語の読み書きの支援を行う上で、弱さを把握することは、支援のステップとして大切です。

スマイル・プラネットでは、読み書きスキル簡易アセスメントを利用できます（図4）。

これによって、在籍学年の前の漢字について、読み書きの弱さを的確に把握できます。

NPO 法人スマイル・プラネット Web サイト
スマイルプラネット　検索

図4

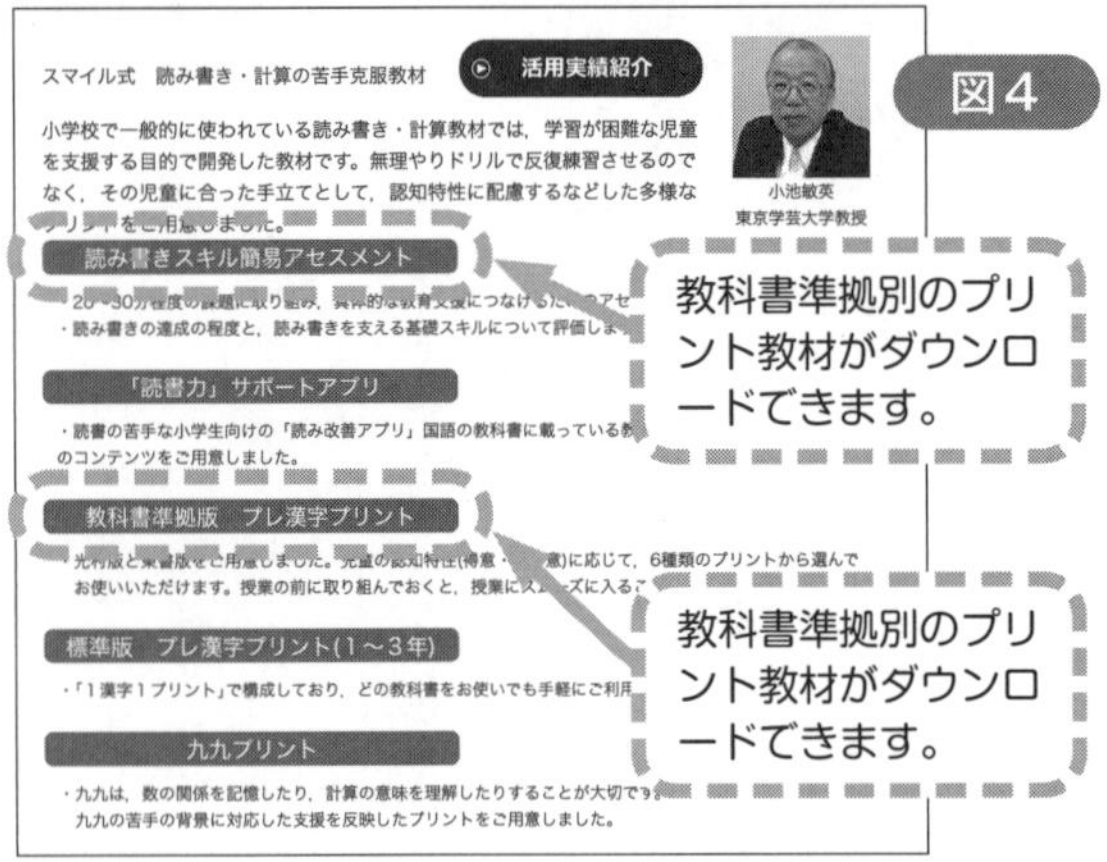
スマイル式　読み書き・計算の苦手克服教材
活用実績紹介
小学校で一般的に使われている読み書き・計算教材では，学習が困難な児童を支援する目的で開発した教材です。無理やりドリルで反復練習させるのでなく，その児童に合った手立てとして，認知特性に配慮するなどした多様な
小池敏英
東京学芸大学教授
読み書きスキル簡易アセスメント
・読み書きの達成の程度と，読み書きを支える基礎スキルについて評価しま
「読書力」サポートアプリ
・読書の苦手な小学生向けの「読み改善アプリ」国語の教科書に載っている
のコンテンツをご用意しました。
教科書準拠版　プレ漢字プリント
お使いいただけます。授業の前に取り組んでおくと，授業に
標準版　プレ漢字プリント(1～3年)
・「1漢字1プリント」で構成しており，どの教科書をお使いでも手軽にご利用
九九プリント
・九九は，数の関係を記憶したり，計算の意味を理解したりすることが大切です
九九の苦手の背景に対応した支援を反映したプリントをご用意しました。
教科書準拠別のプリント教材がダウンロードできます。
教科書準拠別のプリント教材がダウンロードできます。

【3】三年生のCさんは、教科書の音読に苦手を示しますが、漢字の書字の習得にも強い苦手を示します。また、四年生のDさんは、教科書の音読に苦手を示すことはないのですが、反復書字の練習が困難です。

　このような子どもでは、筆順に従って書くことが苦手で、絵のように書字する子どももいます。ADHDの傾向が強い子どもの中には、枠内に字を書くことが困難な子どももがいます（図5）。

◆◆支援の考え方◆◆

　本ワークブックは、このような漢字の書字の苦手を示す子どもが、効果的に書字習得できるように作成しました。その背景について述べます。

　漢字の書字習得を促す方法として、部品を絵で表し、その絵を手がかりとする方法と、部品を表す言葉を利用する方法があります。図6は、絵を手がかりとする方法の例で、手がかりとして用いられた「雪」を表す絵です。

　部品を表す言葉を利用する方法では、子どもの認知スキルによって、部品を表す言葉が違うことが分かっています。

　言語記憶が苦手な子どもでは、視覚的表現を言葉の手がかりとして利用します。例えば「雪」であれば、「上から雨のように降ってきて、下に雪だるまがある」というような表現をします。また、言語記憶が比較的良好な子どもでは、「雨の下に、カタカナのヨ」のような表現をします。

　私たちの取り組みから、学習してから一週間と二週間目に、その言葉の手がかりについて、思い出させるということ（リマインド）をしました。その結果、リマインドから四週間でもよく保持できていることが分かりました（図7）。

　本ワークブックでは、運筆での覚え言葉や部品を意識した覚え言葉など、子どもにとって覚えやすい言葉を決めて、その言葉を手がかりに書字練習するとともに、リマインドを行うことで保持を促すという方法を用いて、漢字の書字の促進を図っています。

図5

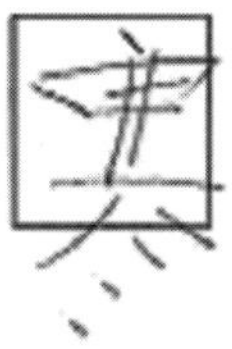

図6

図7

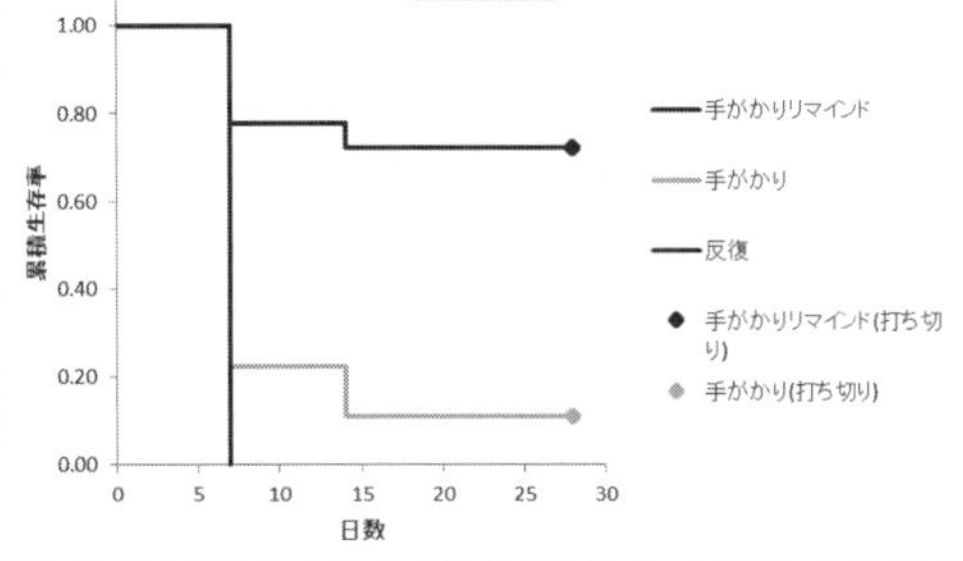
1.00
0.80
0.60
0.40
0.20
0.00
累積生存率
0
5
10
15
20
25
30
日数
手がかりリマインド
手がかり
反復
手がかりリマインド(打ち切り)
手がかり(打ち切り)

三年「漢」の例

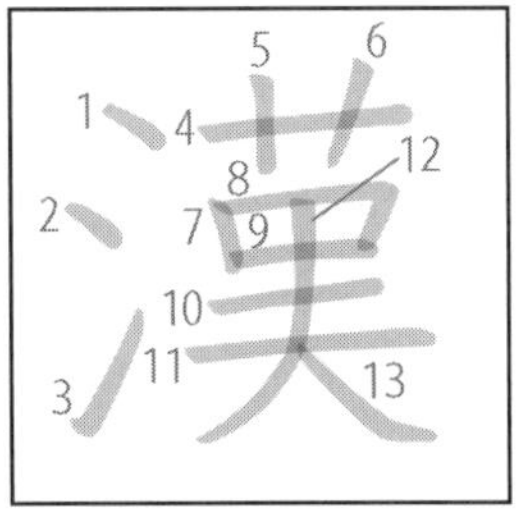
漢
1
2
3
4
5
6
7
8
9
10
11
12
13

★次の言葉を言いながら上の漢字(かんじ)をなぞりましょう。

シ、よこ、たて、たて、
ロ、よこ、よこ、よこ、人

おススメの覚え言葉を提示しています。まず，この言葉で，「漢」をなぞって，漢字の形に馴染みます。

★あなたが漢字をおぼえやすい言葉を考えて書きましょう。（上と同じでもよい。）

シ、くさかんむり、よこながの口(くち)、
二(に)、人(ひと)

子どもたちなりに，この漢字を覚えやすい言葉を考えて書きます。漢字のイメージを言葉に置き換えることで，保持・定着が進みます。

リマインドの際も，この覚え方で，漢字を思い出せるようになります。

目次

祝 110
順 111
初 112
松 113
笑 114
唱 115
焼 116
照 117
城 118
縄 119
臣 120
信 121
井 122
成 123
省 124
清 125
静 126
席 127
積 128
折 129
節 130
説 131
浅 132
戦 133
選 134
然 135
争 136
倉 137
巣 138
束 139
側 140
続 141
卒 142

孫 143
帯 144
隊 145
達 146
単 147
置 148
仲 149
沖 150
兆 151
低 152
底 153
的 154
典 155
伝 156
徒 157
努 158
灯 159
働 160
特 161
徳 162
栃 163
奈 164
梨 165
熱 166
念 167
敗 168
梅 169
博 170
阪 171
飯 172
飛 173
必 174
票 175

標 176
不 177
夫 178
付 179
府 180
阜 181
富 182
副 183
兵 184
別 185
辺 186
変 187
便 188
包 189
法 190
望 191
牧 192
末 193
満 194
未 195
民 196
無 197
約 198
勇 199
要 200
養 201
浴 202
利 203
陸 204
良 205
料 206
量 207
輪 208

【六漢字一まい】

使い方①　言葉や絵でおぼえよう

視覚的イメージや言葉のてがかりを大切に

【本プリントの意図】

漢字の読みの定着は、漢字の書きの学習のためにも大切です。読みの習得を促進する上で、読みの視覚的イメージを高める方法はとても効果的です。視覚的イメージを高めるために、このプリントでは、絵を利用しています（❶）。また、言葉の手がかりの例を示し、言葉の手がかりを言いながら書くことを促しています（❷）。そして、漢字の画要素をおぎないながら書字する課題（❸）は、取り組みやすく、まちがえた字で練習することを防ぎます。

このプリントでは、さらに、1週間後に、思い出す手続き（リマインド）を取り入れました（❹）。リマインドにより、漢字の定着が促進されます。

※■の言葉の手がかりには，正しい漢字の形と同じではない場合があるので，注意しましょう。

❹
・右上の日にちから，一週間後の日にちを書きましょう。
・一週間後に忘れずに，もう一度，この漢字を書きましょう。

❶
・左上の絵を見ながら，■の言葉を声に出して読み，上の漢字を書き順通りなぞりましょう。次に，絵を見ながら，絵の下の□に書きましょう。

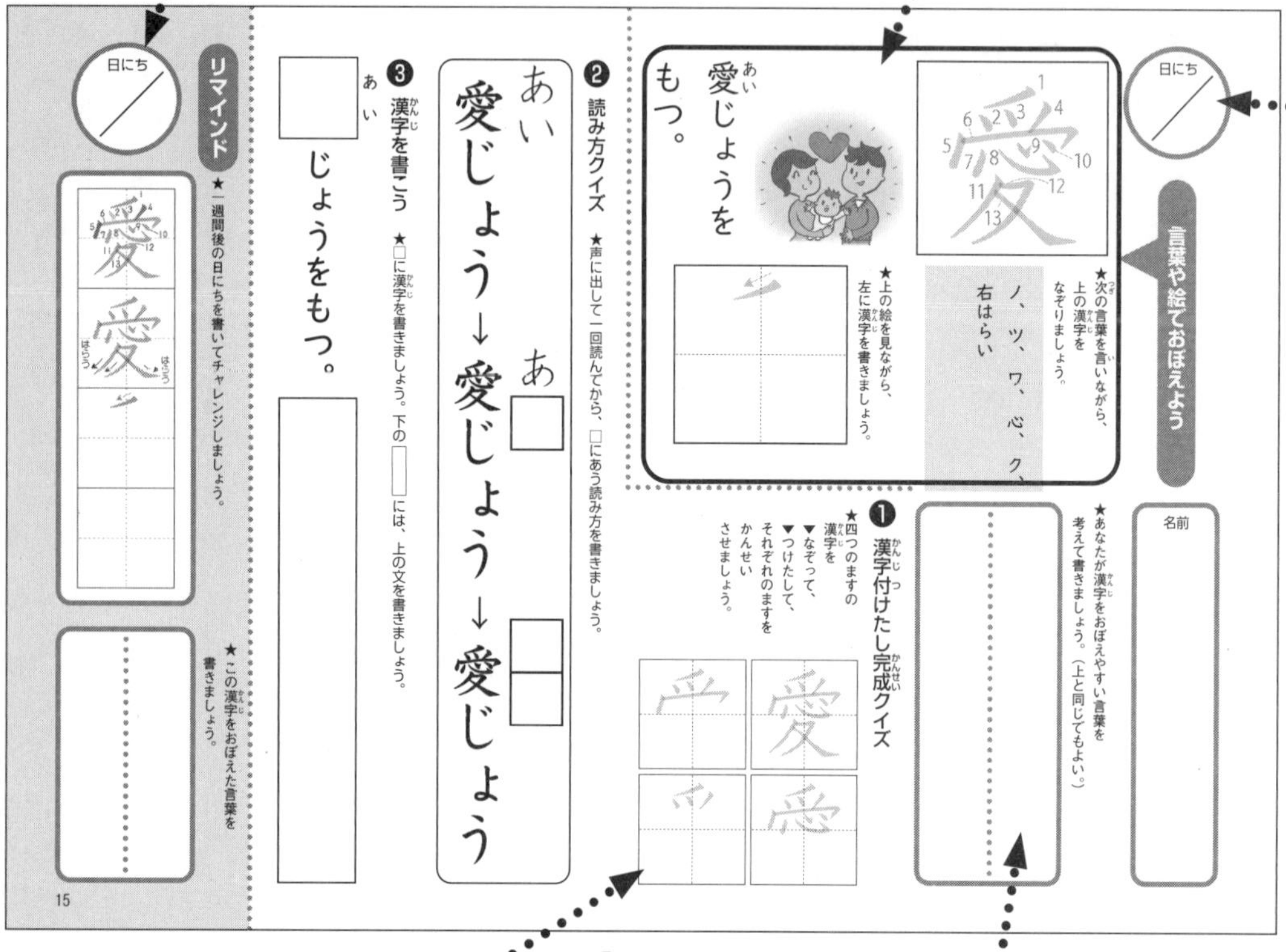

取り組んだ日の、日づけを書きましょう。

❸
・うすいところもなぞりながら，漢字を完成させましょう。
・完成させるときに，右上の書き順も確かめながら書きましょう。

❷
・ここには，この漢字を覚えやすい言葉を自分なりに考えて，書きましょう。
・上と同じでもよいです。

使い方❷ 部分(部品)で、おぼえよう

部品のたし算は能動的な学習に役立つ

【本プリントの意図】

漢字が部品からできていることを、部品のたし算で確認することで、書きの定着が促進されます。手がかり（漢字の部品）が示されている中で、必要な部品を選んで組み立てるという活動は、子どもにとって取り組みやすく、学習に対する能動的な気持ちを維持するのに効果的です。漢字の書き順に従って、部品の足し算を行うように、教示します。

この方法は複数の漢字の書きのリマインドに効果的です。今まで学習してきた漢字についても、この形式のプリントを作成して用いると、能動的な学習を促すことができます。

・3つの漢字について，部品が並べられています。漢字の形がわかると，部品を早く探すことができます。部品を早く探してみましょう。

学習漢字

取り組んだ日の、日づけを書きましょう。

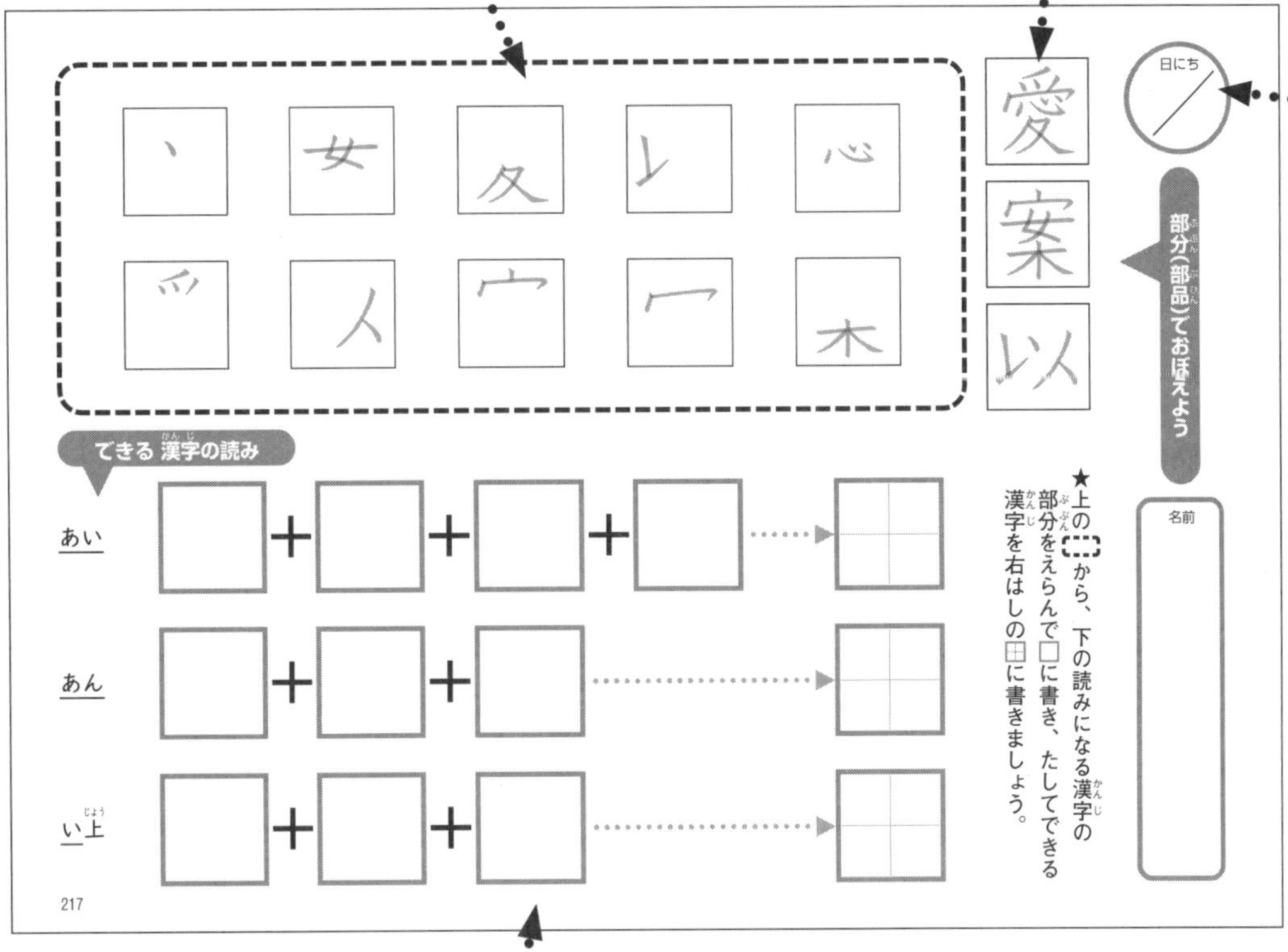
日にち
部分(部品)でおぼえよう
名前
愛
案
以
★上の から、下の読みになる漢字の部分をえらんで□に書き、たしてできる漢字を右はしの田に書きましょう。
できる漢字の読み
あい
あん
い上
217

・上の囲みから，学習漢字の部品を選んで，□に1つずつ書き入れましょう。
・書き順に従って，部品を書きましょう。
・□の部品をたしてできる漢字を，右の田に書きましょう。

使い方③ ぐるぐる漢字・文作り

経験を手がかりにした文作りを大切に

【本プリントの意図】

漢字の意味を考えながら書くことで、書きの定着が促進されます。このプリントでは、漢字の意味を考える手がかりとして、「生活の中で、どんなことに使うか」「どんな絵でこの漢字を覚えたか，思い出す」という手続きを、お勧めしています。子どもが文を思いつくことがむずかしい場合には、大人が見本を示して、望ましい文を作って見せてあげてください。「話し合いながら、子どもと一緒に考えること」そのものが、楽しいエピソードになり、漢字の書きの定着を促します。

このプリントでは、ぐるぐる漢字で部品の位置情報を示すことで、子どもが「ていねいに書くこと」を、容易にしています。

取り組んだ日の、日づけを書きましょう。

- 上に6つある，「ぐるぐる漢字」の　ゆがんだ形を正しくして，下のマスに書きましょう。
- ぐるぐる漢字をてがかりに、正しい漢字の形を思い出しましょう。部品の位置に注意をして，正しい漢字を書きましょう。

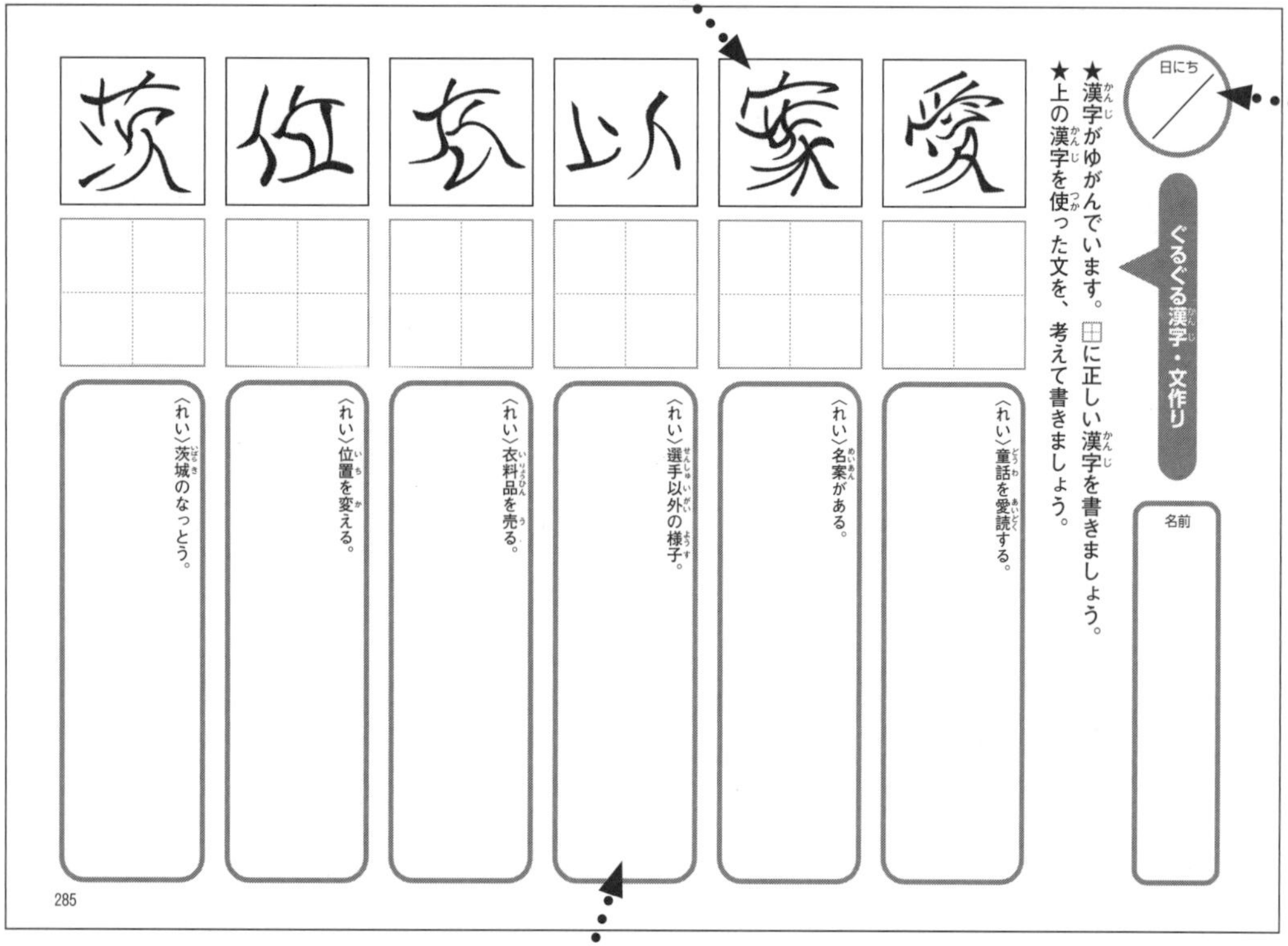
日にち
名前
ぐるぐる漢字・文作り
★漢字がゆがんでいます。□に正しい漢字を書きましょう。
★上の漢字を使った文を、考えて書きましょう。
〈れい〉童話を愛読する。
〈れい〉名案がある。
〈れい〉選手以外の様子。
〈れい〉衣料品を売る。
〈れい〉位置を変える。
〈れい〉茨城のなっとう。
285

- それぞれの漢字の下には，その漢字を使った文を，考えて書きましょう。
- 生活の中で，どんなことに使うか，どんな絵でこの漢字を覚えたか，思い出すのもよいでしょう。
- よい文が思いつかなかったら，<れい>をもう一度，書きましょう。

日にち　／

名前

言葉や絵でおぼえよう

★次の言葉を言いながら、上の漢字をなぞりましょう。

ノ、ツ、ワ、心、ク、右はらい

★あなたが漢字をおぼえやすい言葉を考えて書きましょう。（上と同じでもよい。）

愛じょうをもつ。

★上の絵を見ながら、左に漢字を書きましょう。

❶ 漢字付けたし完成クイズ

★四つのますの漢字を
▼なぞって、
▼つけたして、
それぞれのますをかんせいさせましょう。

❷ 読み方クイズ

★声に出して一回読んでから、□にあう読み方を書きましょう。

愛じょう（あい）→愛じょう（あ□）→愛じょう（□□）

❸ 漢字を書こう

★□に漢字を書きましょう。下の□には、上の文を書きましょう。

□（あい）じょうをもつ。

リマインド

日にち　／

★一週間後の日にちを書いてチャレンジしましょう。

はらう　はらう

★この漢字をおぼえた言葉を書きましょう。

日にち　／

名前

言葉や絵でおぼえよう

★次の言葉を言いながら、上の漢字をなぞりましょう。

案

1 2 3 4 5 6 7 8 9 10

安に、木

★あなたが漢字をおぼえやすい言葉を考えて書きましょう。（上と同じでもよい。）

案を出す。

★上の絵を見ながら、左に漢字を書きましょう。

❶ 漢字付けたし完成クイズ

★四つのますの漢字を
▼なぞって、
▼つけたして、
それぞれのますをかんせいさせましょう。

安　案
宀　宰

❷ 読み方クイズ

★声に出して一回読んでから、□にあう読み方を書きましょう。

あん
案を出す
↓
あ□
案を出す
↓
□□
案を出す

❸ 漢字を書こう

★□に漢字を書きましょう。下の□には、上の文を書きましょう。

あん
□を出す。

日にち　／

リマインド

★一週間後の日にちを書いてチャレンジしましょう。

案　1 2 3 4 5 6 7 8 9 10
少し出す
とめる

★この漢字をおぼえた言葉を書きましょう。

日にち

名前

言葉や絵でおぼえよう

★次の言葉を言いながら、上の漢字をなぞりましょう。

以

たて、右上はね、てん、てん、
ノ、てん

★あなたが漢字をおぼえやすい言葉を考えて書きましょう。（上と同じでもよい。）

この高さ以上。

★上の絵を見ながら、左に漢字を書きましょう。

❶ 漢字付けたし完成クイズ

★四つのますの漢字を
▼なぞって、
▼つけたして、
それぞれのますをかんせいさせましょう。

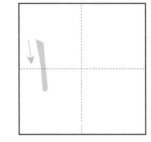

❷ 読み方クイズ

★声に出して一回読んでから、□にあう読み方を書きましょう。

以上（い）

↓

以□上

↓

以□上

❸ 漢字を書こう

★□に漢字を書きましょう。下の□には、上の文を書きましょう。

この高さ□上。

リマインド

日にち

★一週間後の日にちを書いてチャレンジしましょう。

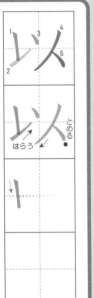

以

はらう　とめる

★この漢字をおぼえた言葉を書きましょう。

日にち　／

言葉や絵でおぼえよう

衣

★次の言葉を言いながら、上の漢字をなぞりましょう。

たて、よこ、ノ、
たてみぎはね、ノ、
右はらい

衣料品（いりょうひん）を
買う。

★上の絵を見ながら、左に漢字を書きましょう。

名前

★あなたが漢字をおぼえやすい言葉を考えて書きましょう。（上と同じでもよい。）

❶ 漢字付けたし完成クイズ

★四つのますの漢字を
▼なぞって、
▼つけたして、
それぞれのますを
かんせい
させましょう。

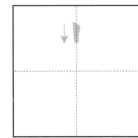

❷ 読み方クイズ

★声に出して一回読んでから、□にあう読み方を書きましょう。

衣料品（いりょう）
↓
衣料品（□りょう）
↓
衣料品（□りょう）

❸ 漢字を書こう

★□に漢字を書きましょう。下の□には、上の文を書きましょう。

□（い）料品（りょうひん）を買う。

リマインド

日にち　／

★一週間後の日にちを書いてチャレンジしましょう。

衣

★この漢字をおぼえた言葉を書きましょう。

日にち　／

名前

言葉や絵でおぼえよう

★次の言葉を言いながら、上の漢字をなぞりましょう。

位

にんべんに、立

一位になる。

★上の絵を見ながら、左に漢字を書きましょう。

★あなたが漢字をおぼえやすい言葉を考えて書きましょう。（上と同じでもよい。）

❶ 漢字付けたし完成クイズ

★四つのますの漢字を
▼なぞって、
▼つけたして、
それぞれのますをかんせいさせましょう。

❷ 読み方クイズ

★声に出して一回読んでから、□にあう読み方を書きましょう。

一位　い

↓

一位□

↓

一位□

❸ 漢字を書こう

★□に漢字を書きましょう。下の□には、上の文を書きましょう。

一（いち）□（い）になる。

リマインド

日にち　／

★一週間後の日にちを書いてチャレンジしましょう。

位　位　はらう

★この漢字をおぼえた言葉を書きましょう。

日にち　／

言葉や絵でおぼえよう

茨

★次の言葉を言いながら、上の漢字をなぞりましょう。

よこ、たて、たて（くさかんむり）、ン、ノ、よこはね、ひと

★あなたが漢字をおぼえやすい言葉を考えて書きましょう。（上と同じでもよい。）

名前

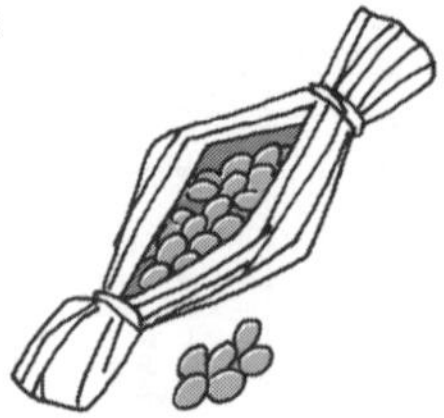

茨城（いばらき）のなっとう。

★上の絵を見ながら、左に漢字を書きましょう。

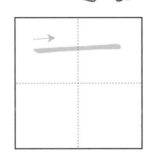

❶ 漢字付けたし完成クイズ

★四つのますの漢字を
▼なぞって、
▼つけたして、
それぞれのますをかんせいさせましょう。

❷ 読み方クイズ

★声に出して一回読んでから、□にあう読み方を書きましょう。

いばら
茨
↓
い□□
茨
↓
□□□
茨

❸ 漢字を書こう

★□に漢字を書きましょう。下の□には、上の文を書きましょう。

□（いばら）城（き）のなっとう。

□

リマインド

日にち　／

★一週間後の日にちを書いてチャレンジしましょう。

茨

★この漢字をおぼえた言葉を書きましょう。

日にち　／

名前

言葉や絵でおぼえよう

1 2 3 4 5 6
印

★次の言葉を言いながら、上の漢字をなぞりましょう。

ノ、たて、よこ、よこ、かくはね、たて

★あなたが漢字をおぼえやすい言葉を考えて書きましょう。（上と同じでもよい。）

印（しるし）をつける。

★上の絵を見ながら、左に漢字を書きましょう。

❶ 漢字付けたし完成クイズ

★四つのますの漢字を
▼なぞって、
▼つけたして、
それぞれのますをかんせいさせましょう。

❷ 読み方クイズ

★声に出して一回読んでから、□にあう読み方を書きましょう。

しるし
印
↓
し
印□□
↓
印□□□

❸ 漢字を書こう

★□に漢字を書きましょう。下の□には、上の文を書きましょう。

しるし
□をつける。

リマインド

日にち　／

★一週間後の日にちを書いてチャレンジしましょう。

1 2 3 4 5 6
印
はらう
はねる

★この漢字をおぼえた言葉を書きましょう。

日にち ／

名前

言葉や絵でおぼえよう

★次(つぎ)の言葉を言(い)いながら、上の漢字(かんじ)をなぞりましょう。

英

くさかんむり、央

英国(えいこく)の旗(はた)。

★上の絵を見ながら、左に漢字(かんじ)を書きましょう。

★あなたが漢字(かんじ)をおぼえやすい言葉を考えて書きましょう。（上と同じでもよい。）

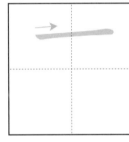

❶ 漢字付(かんじつ)けたし完成(かんせい)クイズ

★四つのますの漢字(かんじ)を
▼なぞって、
▼つけたして、
それぞれのますをかんせいさせましょう。

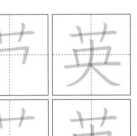

❷ 読み方クイズ

★声に出して一回読んでから、□にあう読み方を書きましょう。

英国（えい）

↓

英国（え□）

↓

英国（□□）

❸ 漢字(かんじ)を書こう

★□に漢字(かんじ)を書きましょう。下の□には、上の文を書きましょう。

□（えい）国(こく)の旗(はた)。

日にち ／

リマインド

★一週間後の日にちを書いてチャレンジしましょう。

出す　はらう

★この漢字(かんじ)をおぼえた言葉を書きましょう。

日にち　／

名前

言葉や絵でおぼえよう

栄（1〜9）

★次の言葉を言いながら、上の漢字をなぞりましょう。

ツ、ワ、木

★あなたが漢字をおぼえやすい言葉を考えて書きましょう。（上と同じでもよい。）

必要(ひつよう)な栄養(えいよう)。

★上の絵を見ながら、左に漢字を書きましょう。

❶ 漢字付けたし完成クイズ

★四つのますの漢字を
▼なぞって、
▼つけたして、
それぞれのますを
かんせい
させましょう。

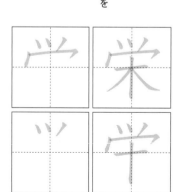

❷ 読み方クイズ

★声に出して一回読んでから、□にあう読み方を書きましょう。

えい 栄養 → え□ 栄養 → □□ 栄養

❸ 漢字を書こう

★□に漢字を書きましょう。下の□には、上の文を書きましょう。

必要(ひつよう)な□養(よう)。

リマインド

日にち　／

★一週間後の日にちを書いてチャレンジしましょう。

栄　はらう　はらう　とめる

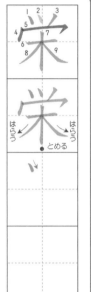

★この漢字をおぼえた言葉を書きましょう。

日にち　／

言葉や絵でおぼえよう

★次の言葉を言いながら、上の漢字をなぞりましょう。

媛

女、ノ、ツ、よこ、友

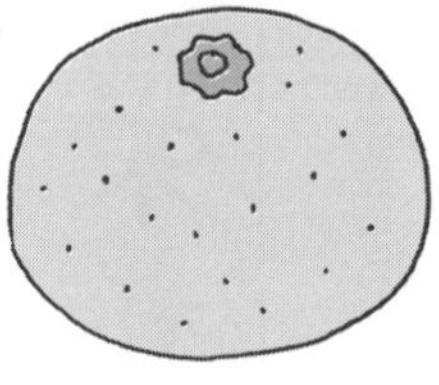

愛媛（えひめ）のみかん。

★上の絵を見ながら、左に漢字を書きましょう。

名前

★あなたが漢字をおぼえやすい言葉を考えて書きましょう。（上と同じでもよい。）

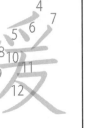

❶ 漢字付けたし完成クイズ

★四つのますの漢字を
▼なぞって、
▼つけたして、
それぞれのますをかんせいさせましょう。

❷ 読み方クイズ

★声に出して一回読んでから、□にあう読み方を書きましょう。

えひめ
愛媛
↓
えひ□
愛媛
↓
え□□
愛媛

❸ 漢字を書こう

★□に漢字を書きましょう。下の□には、上の文を書きましょう。

愛（え）□（ひめ）のみかん。

リマインド

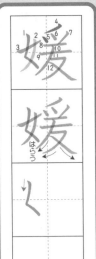

日にち　／

★一週間後の日にちを書いてチャレンジしましょう。

媛

★この漢字をおぼえた言葉を書きましょう。

日にち ／

言葉や絵でおぼえよう

塩

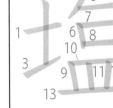

★次の言葉を言いながら、上の漢字をなぞりましょう。

土、ノ、よこ、口、皿

塩分（えんぶん）をとる。

★上の絵を見ながら、左に漢字を書きましょう。

名前

★あなたが漢字をおぼえやすい言葉を考えて書きましょう。（上と同じでもよい。）

❶ 漢字付けたし完成クイズ

★四つのますの漢字を▼なぞって、▼つけたして、それぞれのますをかんせいさせましょう。

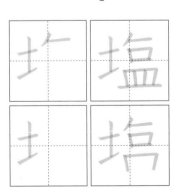

❷ 読み方クイズ

★声に出して一回読んでから、□にあう読み方を書きましょう。

塩分（えん）
↓
塩分（え□）
↓
塩分（□□）

❸ 漢字を書こう

★□に漢字を書きましょう。下の□には、上の文を書きましょう。

□（えん）分（ぶん）をとる。

リマインド

日にち ／

★一週間後の日にちを書いてチャレンジしましょう。

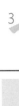

つける　はらう

★この漢字をおぼえた言葉を書きましょう。

日にち　／

名前

言葉や絵でおぼえよう

岡

★次の言葉を言いながら、上の漢字をなぞりましょう。

たて、かくはね、ソ、よこ、山

★あなたが漢字をおぼえやすい言葉を考えて書きましょう。（上と同じでもよい。）

★上の絵を見ながら、左に漢字を書きましょう。

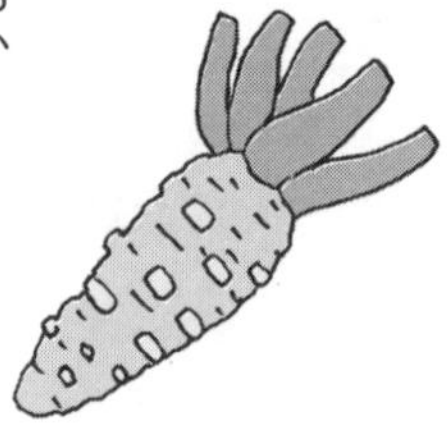

静岡（しずおか）のわさび。

❶ 漢字付けたし完成クイズ

★四つのますの漢字を
▼なぞって、
▼つけたして、
それぞれのますをかんせいさせましょう。

❷ 読み方クイズ

★声に出して一回読んでから、□にあう読み方を書きましょう。

しずおか
静岡
↓
しずお□
静岡
↓
しず□□
静岡

❸ 漢字を書こう

★□に漢字を書きましょう。下の□には、上の文を書きましょう。

静（しず）□（おか）のわさび。

リマインド

★一週間後の日にちを書いてチャレンジしましょう。

岡　はねる　●とめる

★この漢字をおぼえた言葉を書きましょう。

日にち　／

日にち　／

言葉や絵でおぼえよう

★次の言葉を言いながら、上の漢字をなぞりましょう。

億（1〜15）

にんべん、立、日、心

一億円（いちおくえん）が当たる。

★上の絵を見ながら、左に漢字を書きましょう。

名前

★あなたが漢字をおぼえやすい言葉を考えて書きましょう。（上と同じでもよい。）

❶ 漢字付けたし完成クイズ

★四つのますの漢字を
▼なぞって、
▼つけたして、
それぞれのますをかんせいさせましょう。

❷ 読み方クイズ

★声に出して一回読んでから、□にあう読み方を書きましょう。

一億円（おく）
↓
一億円（お□）
↓
一億円（□□）

❸ 漢字を書こう

★□に漢字を書きましょう。下の□には、上の文を書きましょう。

一（いち）□（おく）円（えん）が当たる。

リマインド

日にち　／

★一週間後の日にちを書いてチャレンジしましょう。

億　長く　はねる

★この漢字をおぼえた言葉を書きましょう。

日にち　／

言葉や絵でおぼえよう

★次の言葉を言いながら、上の漢字をなぞりましょう。

カに、ロ

加

1 2 3 4 5

遊びに参(さん)加(か)する。

★上の絵を見ながら、左に漢字を書きましょう。

名前

★あなたが漢字をおぼえやすい言葉を考えて書きましょう。（上と同じでもよい。）

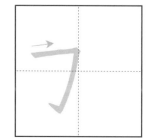

❶ 漢字付けたし完成クイズ

★四つのますの漢字を
▼なぞって、
▼つけたして、
それぞれのますをかんせいさせましょう。

❷ 読み方クイズ

★声に出して一回読んでから、□にあう読み方を書きましょう。

参加　さんか
↓
参加　さん□
↓
参加　さん□

❸ 漢字を書こう

★□に漢字を書きましょう。下の□には、上の文を書きましょう。

遊びに参(さん)□(か)する。

リマインド

日にち　／

★一週間後の日にちを書いてチャレンジしましょう。

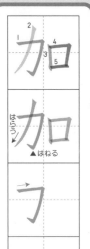

加　1 2 3 4 5
はらう　▲はねる

★この漢字をおぼえた言葉を書きましょう。

日にち　／

言葉や絵でおぼえよう

果

★次の言葉を言いながら、上の漢字をなぞりましょう。

日、木

果実（かじつ）の絵。

★上の絵を見ながら、左に漢字を書きましょう。

★あなたが漢字をおぼえやすい言葉を考えて書きましょう。（上と同じでもよい。）

名前

❶ 漢字付けたし完成クイズ

★四つのますの漢字を
▼なぞって、
▼つけたして、
それぞれのますをかんせいさせましょう。

❷ 読み方クイズ

★声に出して一回読んでから、□にあう読み方を書きましょう。

果実　か

↓

果実　□

↓

果実　□

❸ 漢字を書こう

★□に漢字を書きましょう。下の□には、上の文を書きましょう。

□（か）実（じつ）の絵。

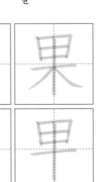

リマインド

日にち　／

★一週間後の日にちを書いてチャレンジしましょう。

果　はらう　とめる

★この漢字をおぼえた言葉を書きましょう。

日にち　／

名前

言葉や絵でおぼえよう

貨（1〜11 筆順）

★次の言葉を言いながら、上の漢字をなぞりましょう。

イ、ヒ、貝

金貨（きんか）の山。

★上の絵を見ながら、左に漢字を書きましょう。

★あなたが漢字をおぼえやすい言葉を考えて書きましょう。（上と同じでもよい。）

❶ 漢字付けたし完成クイズ

★四つのますの漢字を
▼なぞって、
▼つけたして、
それぞれのますを
かんせい
させましょう。

化　貨　イ　貨

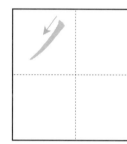

❷ 読み方クイズ

★声に出して一回読んでから、□にあう読み方を書きましょう。

金貨　か
↓
金貨□
↓
金貨□

❸ 漢字を書こう

★□に漢字を書きましょう。下の□には、上の文を書きましょう。

金（きん）□（か）の山。

日にち　／

リマインド

★一週間後の日にちを書いてチャレンジしましょう。

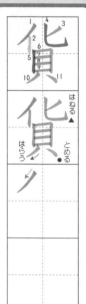

貨（1〜11 筆順）　はねる　はらう　とめる

★この漢字をおぼえた言葉を書きましょう。

日にち

言葉や絵でおぼえよう

課

★次の言葉を言いながら、上の漢字をなぞりましょう。

言、日、木

★上の絵を見ながら、左に漢字を書きましょう。

課題（かだい）の体そう。

★あなたが漢字をおぼえやすい言葉を考えて書きましょう。（上と同じでもよい。）

名前

❶ 漢字付けたし完成クイズ

★四つのますの漢字を
▼なぞって、
▼つけたして、
それぞれのますを
かんせい
させましょう。

❷ 読み方クイズ

★声に出して一回読んでから、□にあう読み方を書きましょう。

課題 か

↓

課題 □

↓

課題 □

❸ 漢字を書こう

★□に漢字を書きましょう。下の□には、上の文を書きましょう。

□（か）題（だい）の体そう。

リマインド

★一週間後の日にちを書いてチャレンジしましょう。

日にち

課 はらう

★この漢字をおぼえた言葉を書きましょう。

日にち ／

言葉や絵でおぼえよう

芽

★次の言葉を言いながら、上の漢字をなぞりましょう。

くさかんむり、よこ、たて、オ

芽(め)が出る。

★上の絵を見ながら、左に漢字を書きましょう。

名前

★あなたが漢字をおぼえやすい言葉を考えて書きましょう。(上と同じでもよい。)

❶ 漢字付けたし完成クイズ

★四つのますの漢字を
▼なぞって、
▼つけたして、
それぞれのますをかんせいさせましょう。

❷ 読み方クイズ

★声に出して一回読んでから、□にあう読み方を書きましょう。

芽 め
↓
芽□
↓
芽□

❸ 漢字を書こう

★□に漢字を書きましょう。下の□には、上の文を書きましょう。

□(め)が出る。

日にち ／

リマインド

★一週間後の日にちを書いてチャレンジしましょう。

芽　はらう　はねる

★この漢字をおぼえた言葉を書きましょう。

日にち

名前

言葉や絵でおぼえよう

賀

1 2 3 4 5 6 7 8 9 10 11 12

★次の言葉を言いながら、上の漢字をなぞりましょう。

カ、ロ、貝

★あなたが漢字をおぼえやすい言葉を考えて書きましょう。（上と同じでもよい。）

滋賀県の寺。

★上の絵を見ながら、左に漢字を書きましょう。

❶ 漢字付けたし完成クイズ

★四つのますの漢字を
▼なぞって、
▼つけたして、
それぞれのますをかんせいさせましょう。

カロ　賀　カ　賀

❷ 読み方クイズ

★声に出して一回読んでから、□にあう読み方を書きましょう。

滋賀　しが
↓
滋賀　し□
↓
滋賀　し□

❸ 漢字を書こう

★□に漢字を書きましょう。下の□には、上の文を書きましょう。

滋（し）□（が）県（けん）の寺。

リマインド

日にち

★一週間後の日にちを書いてチャレンジしましょう。

賀　はねる　はらう　とめる

★この漢字をおぼえた言葉を書きましょう。

日にち　／

名前

言葉や絵でおぼえよう

★次の言葉を言いながら、上の漢字をなぞりましょう。

改

コ、下かく、ノ、ノ、よこ、ノ、右はらい

★上の絵を見ながら、左に漢字を書きましょう。

改(かい)さつを通る。

★あなたが漢字をおぼえやすい言葉を考えて書きましょう。（上と同じでもよい。）

❶ 漢字付けたし完成クイズ

★四つのますの漢字を
▼なぞって、
▼つけたして、
それぞれのますをかんせいさせましょう。

❷ 読み方クイズ

★声に出して一回読んでから、□にあう読み方を書きましょう。

かい
改さつ
↓
か□
改さつ
↓
□□
改さつ

❸ 漢字を書こう

★□に漢字を書きましょう。下の□には、上の文を書きましょう。

かい
□さつを通る。

リマインド

日にち　／

★一週間後の日にちを書いてチャレンジしましょう。

改　はらう

★この漢字をおぼえた言葉を書きましょう。

日にち　／

名前

言葉や絵でおぼえよう

★次の言葉を言いながら、上の漢字をなぞりましょう。

械

木、よこ、よこ、
たてはらい、たて、
つりばり、ノ、てん

★あなたが漢字をおぼえやすい言葉を考えて書きましょう。（上と同じでもよい。）

機械（きかい）を動かす。

★上の絵を見ながら、左に漢字を書きましょう。

❶ 漢字付けたし完成クイズ

★四つのますの漢字を
▼なぞって、
▼つけたして、
それぞれのますをかんせいさせましょう。

❷ 読み方クイズ

★声に出して一回読んでから、□にあう読み方を書きましょう。

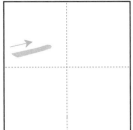

機械　きかい
↓
機械　きか□
↓
機械　き□□

❸ 漢字を書こう

★□に漢字を書きましょう。下の□には、上の文を書きましょう。

機（き）□（かい）を動かす。

リマインド

★一週間後の日にちを書いてチャレンジしましょう。

日にち　／

械

はねる　はらう

★この漢字をおぼえた言葉を書きましょう。

日にち

名前

言葉や絵でおぼえよう

害

★次の言葉を言いながら、上の漢字をなぞりましょう。

ウ、たてぼうのつき出た王、口

けむりのひ害（がい）。

★上の絵を見ながら、左に漢字を書きましょう。

★あなたが漢字をおぼえやすい言葉を考えて書きましょう。（上と同じでもよい。）

❶ 漢字付けたし完成クイズ

★四つのますの漢字を
▼なぞって、
▼つけたして、
それぞれのますをかんせいさせましょう。

❷ 読み方クイズ

★声に出して一回読んでから、□にあう読み方を書きましょう。

ひ害（がい）
↓
ひ害（が□）
↓
ひ害（□□）

❸ 漢字を書こう

★□に漢字を書きましょう。下の□には、上の文を書きましょう。

けむりのひ□（がい）。

日にち

リマインド

★一週間後の日にちを書いてチャレンジしましょう。

害

★この漢字をおぼえた言葉を書きましょう。

日にち　／

言葉や絵でおぼえよう

★次の言葉を言いながら、上の漢字をなぞりましょう。

ノ、ノ、たて、土、土、

ニ、たてはね

街（まち）を歩く。

★上の絵を見ながら、左に漢字を書きましょう。

名前

★あなたが漢字をおぼえやすい言葉を考えて書きましょう。（上と同じでもよい。）

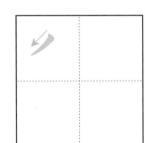

❶ 漢字付けたし完成クイズ

★四つのますの漢字を
▼なぞって、
▼つけたして、
それぞれのますをかんせいさせましょう。

❷ 読み方クイズ

★声に出して一回読んでから、□にあう読み方を書きましょう。

街（まち）
↓
街（ま□）
↓
街（□□）

❸ 漢字を書こう

★□に漢字を書きましょう。下の□には、上の文を書きましょう。

□（まち）を歩く。

リマインド

日にち　／

★一週間後の日にちを書いてチャレンジしましょう。

はねる　はらう

★この漢字をおぼえた言葉を書きましょう。

日にち ／

名前

言葉や絵でおぼえよう

各（1〜6）

★次の言葉を言いながら、上の漢字をなぞりましょう。

ク、右はらい、口

★あなたが漢字をおぼえやすい言葉を考えて書きましょう。（上と同じでもよい。）

各自（かくじ）の運動。

★上の絵を見ながら、左に漢字を書きましょう。

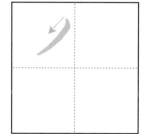

❶ 漢字付けたし完成クイズ

★四つのますの漢字を
▼なぞって、
▼つけたして、
それぞれのますをかんせいさせましょう。

ク　各
ノ　冬

❷ 読み方クイズ

★声に出して一回読んでから、□にあう読み方を書きましょう。

各自（かく）
↓
各自（か□）
↓
各自（□□）

❸ 漢字を書こう

★□に漢字を書きましょう。下の□には、上の文を書きましょう。

□（かく）自（じ）の運動。

リマインド

日にち ／

★一週間後の日にちを書いてチャレンジしましょう。

各　はらう　はらう

★この漢字をおぼえた言葉を書きましょう。

日にち　／

言葉や絵でおぼえよう

覚

1 2 3 4 5 6 7 8 9 10 11 12

★次の言葉を言いながら、上の漢字をなぞりましょう。

ツ、ワ、見

地名を覚える。

★上の絵を見ながら、左に漢字を書きましょう。

★あなたが漢字をおぼえやすい言葉を考えて書きましょう。（上と同じでもよい。）

名前

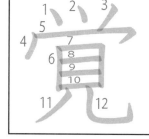

❶ 漢字付けたし完成クイズ

★四つのますの漢字を
▼なぞって、
▼つけたして、
それぞれのますをかんせいさせましょう。

覚　⺌　⺍　當

❷ 読み方クイズ

★声に出して一回読んでから、□にあう読み方を書きましょう。

おぼ
覚える
↓
お□
覚える
↓
□□
覚える

❸ 漢字を書こう

★□に漢字を書きましょう。下の□には、上の文を書きましょう。

地名を□（おぼ）える。

□

リマインド

日にち　／

★一週間後の日にちを書いてチャレンジしましょう。

覚　覚　はねる　はらう

★この漢字をおぼえた言葉を書きましょう。

日にち ／

言葉や絵でおぼえよう

潟

★次の言葉を言いながら、上の漢字をなぞりましょう。

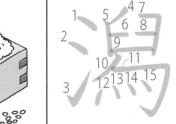

シ、ノ、たて、かく、はなれよこ、よこ、ノ、かくはね、てん四つ

新潟（にいがた）の米。

★上の絵を見ながら、左に漢字を書きましょう。

名前

★あなたが漢字をおぼえやすい言葉を考えて書きましょう。（上と同じでもよい。）

❶ 漢字付けたし完成クイズ

★四つのますの漢字を
▼なぞって、
▼つけたして、
それぞれのますをかんせいさせましょう。

❷ 読み方クイズ

★声に出して一回読んでから、□にあう読み方を書きましょう。

新潟 にいがた
↓
新潟 にいが□
↓
新潟 にい□□

❸ 漢字を書こう

★□に漢字を書きましょう。下の□には、上の文を書きましょう。

新（にい）□（がた）の米。

リマインド

日にち ／

★一週間後の日にちを書いてチャレンジしましょう。

潟 あける はねる

★この漢字をおぼえた言葉を書きましょう。

日にち ／

言葉や絵でおぼえよう

完

★次の言葉を言いながら、上の漢字をなぞりましょう。

ウ、元

完成（かんせい）した絵。

★上の絵を見ながら、左に漢字を書きましょう。

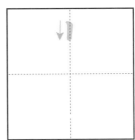

名前

★あなたが漢字をおぼえやすい言葉を考えて書きましょう。（上と同じでもよい。）

❶ 漢字付けたし完成クイズ

★四つのますの漢字を
▼なぞって、
▼つけたして、
それぞれのますを
かんせいさせましょう。

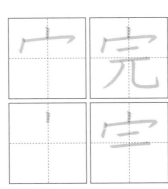

❷ 読み方クイズ

★声に出して一回読んでから、□にあう読み方を書きましょう。

完成（かんせい）
↓
完成（か□ せい）
↓
完成（□□ せい）

❸ 漢字を書こう

★□に漢字を書きましょう。下の□には、上の文を書きましょう。

□（かん）成（せい）した絵。

リマインド

日にち ／

★一週間後の日にちを書いてチャレンジしましょう。

完 完

★この漢字をおぼえた言葉を書きましょう。

日にち ／

名前

言葉や絵でおぼえよう

★次の言葉を言いながら、上の漢字をなぞりましょう。

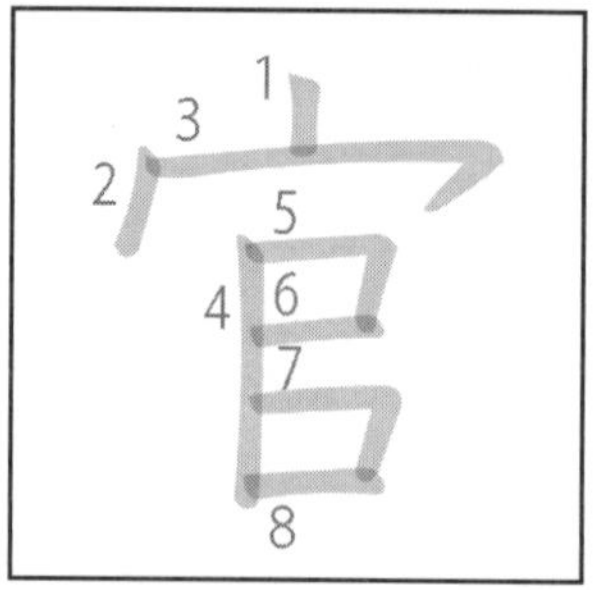

ウ、たて、コ、コ

しけん官の仕事。

★上の絵を見ながら、左に漢字を書きましょう。

★あなたが漢字をおぼえやすい言葉を考えて書きましょう。（上と同じでもよい。）

❶ 漢字付けたし完成クイズ

★四つのますの漢字を
▼なぞって、
▼つけたして、
それぞれのますをかんせいさせましょう。

❷ 読み方クイズ

★声に出して一回読んでから、□にあう読み方を書きましょう。

しけん官（かん）↓しけん官（か□）↓しけん官（□□）

❸ 漢字を書こう

★□に漢字を書きましょう。下の□には、上の文を書きましょう。

しけん□（かん）の仕事。

リマインド

日にち ／

★一週間後の日にちを書いてチャレンジしましょう。

官　官　とめる

★この漢字をおぼえた言葉を書きましょう。

日にち ／

名前

言葉や絵でおぼえよう

★次の言葉を言いながら、上の漢字をなぞりましょう。

管

たけかんむり、ウ、
たて、コ、コ

水が通る管（くだ）。

★上の絵を見ながら、左に漢字を書きましょう。

★あなたが漢字をおぼえやすい言葉を考えて書きましょう。（上と同じでもよい。）

❶ 漢字付けたし完成クイズ

★四つのますの漢字を
▼なぞって、
▼つけたして、
それぞれのますをかんせいさせましょう。

❷ 読み方クイズ

★声に出して一回読んでから、□にあう読み方を書きましょう。

管 くだ
↓
管 く□
↓
管 □□

❸ 漢字を書こう

★□に漢字を書きましょう。下の□には、上の文を書きましょう。

水が通る □（くだ）。

リマインド

日にち ／

★一週間後の日にちを書いてチャレンジしましょう。

管

とめる

★この漢字をおぼえた言葉を書きましょう。

日にち　／

言葉や絵でおぼえよう

関（1 2 3 4 5 6 7 8 9 10 11 12 13 14）

★次の言葉を言いながら、上の漢字をなぞりましょう。

門がまえ、ソ、天

名前

★あなたが漢字をおぼえやすい言葉を考えて書きましょう。（上と同じでもよい。）

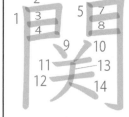

★上の絵を見ながら、左に漢字を書きましょう。

昔の関所（せきしょ）。

❶ 漢字付けたし完成クイズ

★四つのますの漢字を
▼なぞって、
▼つけたして、
それぞれのますを
かんせい
させましょう。

門　関
門　関

❷ 読み方クイズ

★声に出して一回読んでから、□にあう読み方を書きましょう。

関所（せき）
↓
関所（せ□）
↓
関所（□□）

❸ 漢字を書こう

★□に漢字を書きましょう。下の□には、上の文を書きましょう。

昔の□（せき）所（しょ）。

リマインド

日にち　／

★一週間後の日にちを書いてチャレンジしましょう。

関　とめる　はねる

★この漢字をおぼえた言葉を書きましょう。

日にち ／

名前

言葉や絵でおぼえよう

★次の言葉を言いながら、上の漢字をなぞりましょう。

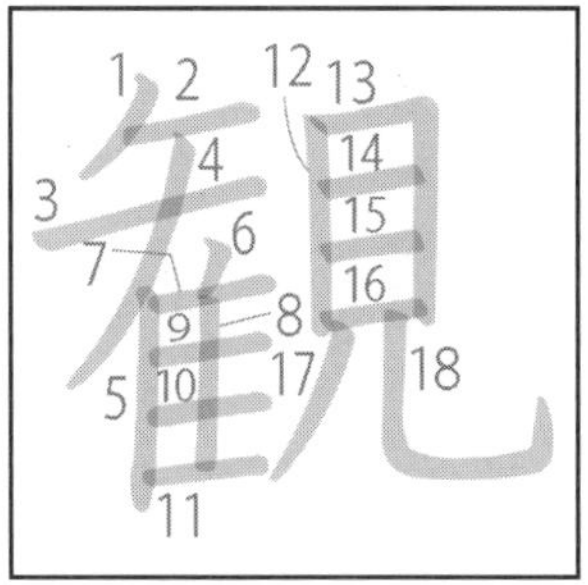

ノ、二、ふるとり、見

★あなたが漢字をおぼえやすい言葉を考えて書きましょう。（上と同じでもよい。）

観光をする。

★上の絵を見ながら、左に漢字を書きましょう。

❶ 漢字付けたし完成クイズ

★四つのますの漢字を
▼なぞって、
▼つけたして、
それぞれのますをかんせいさせましょう。

❷ 読み方クイズ

★声に出して一回読んでから、□にあう読み方を書きましょう。

観光 かん
↓
観光 か□
↓
観光 □□

❸ 漢字を書こう

★□に漢字を書きましょう。下の□には、上の文を書きましょう。

□（かん）光をする。

リマインド

日にち ／

★一週間後の日にちを書いてチャレンジしましょう。

はねる はらう

★この漢字をおぼえた言葉を書きましょう。

日にち

言葉や絵でおぼえよう

願

★次の言葉を言いながら、上の漢字をなぞりましょう。

原、よこ、ノ、貝

願(ねが)いをこめる。

★上の絵を見ながら、左に漢字を書きましょう。

★あなたが漢字をおぼえやすい言葉を考えて書きましょう。（上と同じでもよい。）

名前

❶ 漢字(かんじ)付(つ)けたし完成(かんせい)クイズ

★四つのますの漢字を
▼なぞって、
▼つけたして、
それぞれのますをかんせいさせましょう。

原　願　厂　願

❷ 読み方クイズ

★声に出して一回読んでから、□にあう読み方を書きましょう。

ねが
願い
↓
ね□
願い
↓
□□
願い

❸ 漢字(かんじ)を書こう

★□に漢字を書きましょう。下の□には、上の文を書きましょう。

ねが
□いをこめる。

リマインド

日にち

★一週間後の日にちを書いてチャレンジしましょう。

願　願

はねる▲　とめる●

★この漢字をおぼえた言葉を書きましょう。

日にち　／

言葉や絵でおぼえよう

岐

★次の言葉を言いながら、上の漢字をなぞりましょう。

山、十、フ、右はらい

岐阜の和紙。

★上の絵を見ながら、左に漢字を書きましょう。

名前

★あなたが漢字をおぼえやすい言葉を考えて書きましょう。（上と同じでもよい。）

❶ 漢字付けたし完成クイズ

★四つのますの漢字を
▼なぞって、
▼つけたして、
それぞれのますをかんせいさせましょう。

❷ 読み方クイズ

★声に出して一回読んでから、□にあう読み方を書きましょう。

岐阜（ぎふ）
↓
岐□ 阜ふ
↓
岐□ 阜ふ

❸ 漢字を書こう

★□に漢字を書きましょう。下の□には、上の文を書きましょう。

□（ぎ）阜（ふ）の和紙（わし）。

リマインド

日にち　／

★一週間後の日にちを書いてチャレンジしましょう。

はらう

★この漢字をおぼえた言葉を書きましょう。

日にち　／

名前

言葉や絵でおぼえよう

★次の言葉を言いながら、上の漢字をなぞりましょう。

メ、ノ、よこ、たて、たて、かくはね、たて

希望をもつ。

★上の絵を見ながら、左に漢字を書きましょう。

★あなたが漢字をおぼえやすい言葉を考えて書きましょう。（上と同じでもよい。）

❶ 漢字付けたし完成クイズ

★四つのますの漢字を
▼なぞって、
▼つけたして、
それぞれのますをかんせいさせましょう。

❷ 読み方クイズ

★声に出して一回読んでから、□にあう読み方を書きましょう。

きぼう
希望
↓
□ぼう
希望
↓
□ぼう
希望

❸ 漢字を書こう

★□に漢字を書きましょう。下の□には、上の文を書きましょう。

□（き）望をもつ。

日にち　／

リマインド

★一週間後の日にちを書いてチャレンジしましょう。

長く　はねる　とめる

★この漢字をおぼえた言葉を書きましょう。

日にち　／

言葉や絵でおぼえよう

季

1 2 3 4 5 6 7 8

★次の言葉を言いながら、上の漢字をなぞりましょう。

ノ、木、子

四季の絵。

★上の絵を見ながら、左に漢字を書きましょう。

名前

★あなたが漢字をおぼえやすい言葉を考えて書きましょう。（上と同じでもよい。）

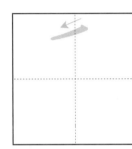

❶ 漢字付けたし完成クイズ

★四つのますの漢字を
▼なぞって、
▼つけたして、
それぞれのますをかんせいさせましょう。

禾　季　二　季

❷ 読み方クイズ

★声に出して一回読んでから、□にあう読み方を書きましょう。

四季 き

↓

四季□

↓

四季□

❸ 漢字を書こう

★□に漢字を書きましょう。下の□には、上の文を書きましょう。

四□の絵。

日にち　／

リマインド

★一週間後の日にちを書いてチャレンジしましょう。

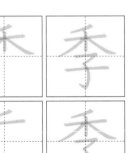

季　1 2 3 4 5 6 7 8

はらう　はらう　はねる

★この漢字をおぼえた言葉を書きましょう。

日にち　／

名前

言葉や絵でおぼえよう

旗

★次（つぎ）の言葉を言（い）いながら、上の漢字（かんじ）をなぞりましょう。

方、ノ、よこ、よこ、
たて、たて、よこ、よこ、
よこ、よこ、ハ

動物の旗（はた）。

★上の絵を見ながら、左に漢字（かんじ）を書きましょう。

★あなたが漢字（かんじ）をおぼえやすい言葉を考えて書きましょう。（上と同じでもよい。）

❶ 漢字（かんじ）付（つ）けたし完成（かんせい）クイズ

★四つのますの漢字（かんじ）を
▼なぞって、
▼つけたして、
それぞれのますを
かんせい
させましょう。

❷ 読み方クイズ

★声に出して一回読んでから、□にあう読み方を書きましょう。

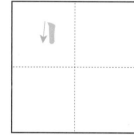

旗（はた）
↓
旗（は□）
↓
旗（□□）

❸ 漢字（かんじ）を書こう

★□に漢字（かんじ）を書きましょう。下の□には、上の文を書きましょう。

動物の□（はた）。

日にち　／

リマインド

★一週間後の日にちを書いてチャレンジしましょう。

旗

少し長く　はねる　とめる

★この漢字（かんじ）をおぼえた言葉を書きましょう。

日にち ／

名前

言葉や絵でおぼえよう

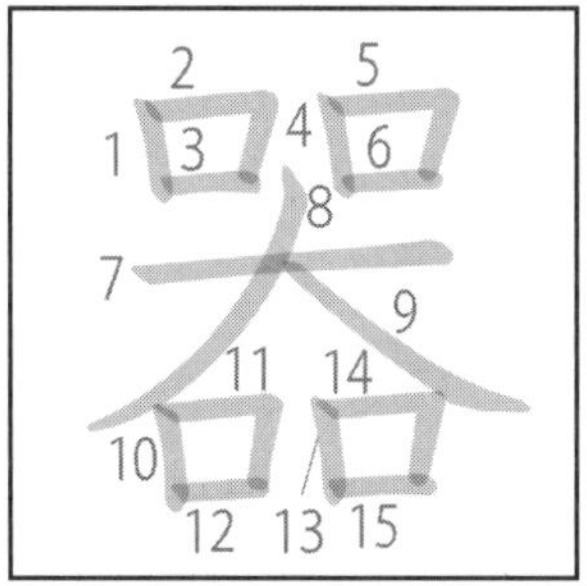

★次の言葉を言いながら、上の漢字をなぞりましょう。

口二つ、大、口二つ

食器(しょっき)にのせる。

★上の絵を見ながら、左に漢字を書きましょう。

★あなたが漢字をおぼえやすい言葉を考えて書きましょう。（上と同じでもよい。）

❶ 漢字付けたし完成クイズ

★四つのますの漢字を
▼なぞって、
▼つけたして、
それぞれのますをかんせいさせましょう。

❷ 読み方クイズ

★声に出して一回読んでから、□にあう読み方を書きましょう。

食器（き）

↓

食器□

↓

食器□

❸ 漢字を書こう

★□に漢字を書きましょう。下の□には、上の文を書きましょう。

食(しょっ)□(き)にのせる。

リマインド

日にち ／

★一週間後の日にちを書いてチャレンジしましょう。

★この漢字をおぼえた言葉を書きましょう。

日にち ／

名前

言葉や絵でおぼえよう

機

★次の言葉を言いながら、上の漢字をなぞりましょう。

木、糸の上二つ、よこ、人、つりばり、ノ、、てん

★あなたが漢字をおぼえやすい言葉を考えて書きましょう。（上と同じでもよい。）

飛行機（ひこうき）に乗（の）る。

★上の絵を見ながら、左に漢字を書きましょう。

❶ 漢字付けたし完成クイズ

★四つのますの漢字を
▼なぞって、
▼つけたして、
それぞれのますをかんせいさせましょう。

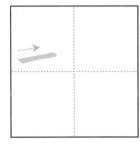

❷ 読み方クイズ

★声に出して一回読んでから、□にあう読み方を書きましょう。

飛行機（ひこうき）
↓
飛行機（ひこう□）
↓
飛行機（ひこう□）

❸ 漢字を書こう

★□に漢字を書きましょう。下の□には、上の文を書きましょう。

飛行（ひこう）□（き）に乗（の）る。

リマインド

日にち ／

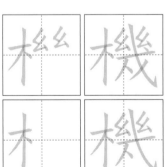

★一週間後の日にちを書いてチャレンジしましょう。

機

とめる　はらう　はねる

★この漢字をおぼえた言葉を書きましょう。

日にち　／

言葉や絵でおぼえよう

★次の言葉を言いながら、上の漢字をなぞりましょう。

言、ソ、王、ノ、よこ、たてはね、右上はらい、つりばり、ノ、てん

会議（かいぎ）で決める。

★上の絵を見ながら、左に漢字を書きましょう。

名前

★あなたが漢字をおぼえやすい言葉を考えて書きましょう。（上と同じでもよい。）

❶ 漢字付けたし完成クイズ

★四つのますの漢字を
▼なぞって、
▼つけたして、
それぞれのますをかんせいさせましょう。

❷ 読み方クイズ

★声に出して一回読んでから、□にあう読み方を書きましょう。

会議（ぎ）
↓
会議□
↓
会議□

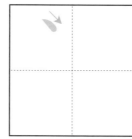

❸ 漢字を書こう

★□に漢字を書きましょう。下の□には、上の文を書きましょう。

会（かい）□（ぎ）で決める。

リマインド

日にち　／

★一週間後の日にちを書いてチャレンジしましょう。

はねる

★この漢字をおぼえた言葉を書きましょう。

日にち　／

名前

言葉や絵でおぼえよう

求

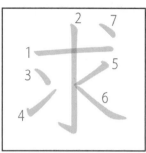

★次の言葉を言いながら、上の漢字をなぞりましょう。

よこ、たてはね、ン、ノ、右はらい、てん

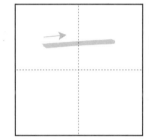

★あなたが漢字をおぼえやすい言葉を考えて書きましょう。（上と同じでもよい。）

おかしを求（もと）める。

★上の絵を見ながら、左に漢字を書きましょう。

❶ 漢字付けたし完成クイズ

★四つのますの漢字を
▼なぞって、
▼つけたして、
それぞれのますをかんせいさせましょう。

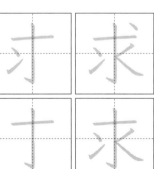

❷ 読み方クイズ

★声に出して一回読んでから、□にあう読み方を書きましょう。

もと
求める
↓
も□
求める
↓
□□
求める

❸ 漢字を書こう

★□に漢字を書きましょう。下の□には、上の文を書きましょう。

おかしを□（もと）める。

リマインド

日にち　／

★一週間後の日にちを書いてチャレンジしましょう。

★この漢字をおぼえた言葉を書きましょう。

日にち　／

名前

言葉や絵でおぼえよう

★次の言葉を言いながら、上の漢字をなぞりましょう。

泣

さんずいに、立

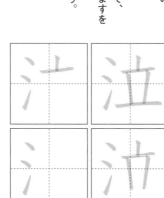

★あなたが漢字をおぼえやすい言葉を考えて書きましょう。（上と同じでもよい。）

子どもが泣（な）く。

★上の絵を見ながら、左に漢字を書きましょう。

❶ 漢字付けたし完成クイズ

★四つのますの漢字を
▼なぞって、
▼つけたして、
それぞれのますを
かんせい
させましょう。

泣

❷ 読み方クイズ

★声に出して一回読んでから、□にあう読み方を書きましょう。

泣く（な）

↓

泣□く

↓

泣□く

❸ 漢字を書こう

★□に漢字を書きましょう。下の□には、上の文を書きましょう。

子どもが□（な）く。

日にち　／

リマインド

★一週間後の日にちを書いてチャレンジしましょう。

泣　とめる

★この漢字をおぼえた言葉を書きましょう。

日にち ／

名前

言葉や絵でおぼえよう

★次の言葉を言いながら、上の漢字をなぞりましょう。

いとへん、やね、よこ、口

★あなたが漢字をおぼえやすい言葉を考えて書きましょう。（上と同じでもよい。）

給食（きゅうしょく）を食べる。

★上の絵を見ながら、左に漢字を書きましょう。

❶ 漢字付けたし完成クイズ

★四つのますの漢字を
▼なぞって、
▼つけたして、
それぞれのますをかんせいさせましょう。

❷ 読み方クイズ

★声に出して一回読んでから、□にあう読み方を書きましょう。

給食（きゅう）

↓

給食（き□□）

↓

給食（□□□）

❸ 漢字を書こう

★□に漢字を書きましょう。下の□には、上の文を書きましょう。

□（きゅう）食（しょく）を食べる。

リマインド

日にち ／

★一週間後の日にちを書いてチャレンジしましょう。

はらう　とめる

★この漢字をおぼえた言葉を書きましょう。

日にち
／

言葉や絵でおぼえよう

挙

★次（つぎ）の言葉を言（い）いながら、上の漢字（かんじ）をなぞりましょう。

ツ、一、八、手

手を挙（あ）げる。

★上の絵を見ながら、左に漢字（かんじ）を書きましょう。

名前

★あなたが漢字（かんじ）をおぼえやすい言葉を考えて書きましょう。（上と同じでもよい。）

❶ 漢字（かんじ）付（つ）けたし完成（かんせい）クイズ

★四つのますの漢字（かんじ）を
▼なぞって、
▼つけたして、
それぞれのますをかんせいさせましょう。

❷ 読み方クイズ

★声に出して一回読んでから、□にあう読み方を書きましょう。

あ
挙げる
↓
挙□げる
↓
挙□げる

❸ 漢字（かんじ）を書こう

★□に漢字（かんじ）を書きましょう。下の□には、上の文を書きましょう。

手を□（あ）げる。

リマインド

日にち
／

★一週間後の日にちを書いてチャレンジしましょう。

はらう　はねる　はらう

★この漢字（かんじ）をおぼえた言葉を書きましょう。

日にち　／

名前

言葉や絵でおぼえよう

★次の言葉を言いながら、上の漢字をなぞりましょう。

漁

さんずいに、魚

★あなたが漢字をおぼえやすい言葉を考えて書きましょう。（上と同じでもよい。）

漁（りょう）に出る。

★上の絵を見ながら、左に漢字を書きましょう。

❶ 漢字付けたし完成クイズ

★四つのますの漢字を
▼なぞって、
▼つけたして、
それぞれのますをかんせいさせましょう。

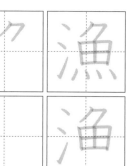

❷ 読み方クイズ

★声に出して一回読んでから、□にあう読み方を書きましょう。

漁　りょう
↓
漁　り□□
↓
漁　□□□

❸ 漢字を書こう

★□に漢字を書きましょう。下の□には、上の文を書きましょう。

りょう
□に出る。

リマインド

日にち　／

★一週間後の日にちを書いてチャレンジしましょう。

はらう

★この漢字をおぼえた言葉を書きましょう。

日にち

言葉や絵でおぼえよう

★次の言葉を言いながら、上の漢字をなぞりましょう。

よこ、たて、たて、
よこ、ハ

名前

★あなたが漢字をおぼえやすい言葉を考えて書きましょう。（上と同じでもよい。）

共通(きょうつう)のちかい。

★上の絵を見ながら、左に漢字を書きましょう。

❶ 漢字付けたし完成クイズ

★四つのますの漢字を
▼なぞって、
▼つけたして、
それぞれのますをかんせいさせましょう。

❷ 読み方クイズ

★声に出して一回読んでから、□にあう読み方を書きましょう。

きょう
共通
↓
き□□
共通
↓
□□□
共通

❸ 漢字を書こう

★□に漢字を書きましょう。下の□には、上の文を書きましょう。

きょう
□通(つう)のちかい。

リマインド

日にち

★一週間後の日にちを書いてチャレンジしましょう。

とめる　はらう

★この漢字をおぼえた言葉を書きましょう。

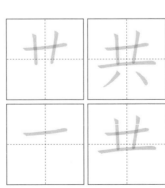

日にち

名前

言葉や絵でおぼえよう

★次の言葉を言いながら、上の漢字をなぞりましょう。

十、力三つ

★あなたが漢字をおぼえやすい言葉を考えて書きましょう。（上と同じでもよい。）

きょうりょく
協力してそうじ。

★上の絵を見ながら、左に漢字を書きましょう。

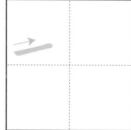

❶ 漢字付けたし完成クイズ

★四つのますの漢字を▼なぞって、▼つけたして、それぞれのますをかんせいさせましょう。

❷ 読み方クイズ

★声に出して一回読んでから、□にあう読み方を書きましょう。

きょう
協力

↓

き□□
協力

↓

□□□
協力

❸ 漢字を書こう

★□に漢字を書きましょう。下の□には、上の文を書きましょう。

きょう　りょく
□力してそうじ。

リマインド

日にち

★一週間後の日にちを書いてチャレンジしましょう。

とめる　はねる

★この漢字をおぼえた言葉を書きましょう。

日にち

名前

言葉や絵でおぼえよう

鏡

★次の言葉を言いながら、上の漢字をなぞりましょう。

金、立、日、ノ、たてよこはね

★あなたが漢字をおぼえやすい言葉を考えて書きましょう。（上と同じでもよい。）

望遠鏡（ぼうえんきょう）を見る。

★上の絵を見ながら、左に漢字を書きましょう。

❶ 漢字付けたし完成クイズ

★四つのますの漢字を
▼なぞって、
▼つけたして、
それぞれのますをかんせいさせましょう。

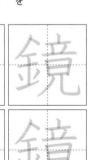

❷ 読み方クイズ

★声に出して一回読んでから、□にあう読み方を書きましょう。

望遠鏡 ぼう きょう
↓
望遠鏡 ぼう き□□
↓
望遠鏡 ぼう□□□

❸ 漢字を書こう

★□に漢字を書きましょう。下の□には、上の文を書きましょう。

望遠（ぼうえん）□（きょう）を見る。

リマインド

日にち

★一週間後の日にちを書いてチャレンジしましょう。

鏡 はらう はねる

★この漢字をおぼえた言葉を書きましょう。

日にち　／

名前

言葉や絵でおぼえよう

★次（つぎ）の言葉を言（い）いながら、上の漢字（かんじ）をなぞりましょう。

立、口、ル、立、口、ノ、
たてよこはね

★上の絵を見ながら、左に漢字（かんじ）を書きましょう。

競走（きょうそう）する。

★あなたが漢字（かんじ）をおぼえやすい言葉を考えて書きましょう。（上と同じでもよい。）

❶ 漢字（かんじ）付（つ）けたし完成（かんせい）クイズ

★四つのますの漢字（かんじ）を▼なぞって、▼つけたして、それぞれのますをかんせいさせましょう。

❷ 読み方クイズ

★声に出して一回読んでから、□にあう読み方を書きましょう。

競走（きょう）
↓
競走（き□□）
↓
競走（□□□）

❸ 漢字（かんじ）を書こう

★□に漢字（かんじ）を書きましょう。下の□には、上の文を書きましょう。

□（きょう）走（そう）する。

リマインド

日にち　／

★一週間後の日にちを書いてチャレンジしましょう。

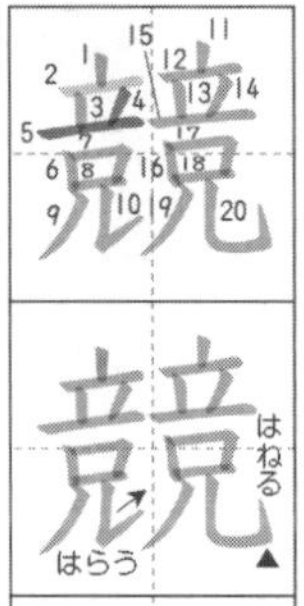

★この漢字（かんじ）をおぼえた言葉を書きましょう。

日にち　／

名前

言葉や絵でおぼえよう

極（1〜12 書き順）

★次（つぎ）の言葉を言（い）いながら、上の漢字（かんじ）をなぞりましょう。

木、よこ、ノたてはね、ロ、ヌ、よこ

★あなたが漢字（かんじ）をおぼえやすい言葉を考えて書きましょう。（上と同じでもよい。）

南極（なんきょく）の生き物。

★上の絵を見ながら、左に漢字（かんじ）を書きましょう。

❶ 漢字付（かんじつ）けたし完成（かんせい）クイズ

★四つのますの漢字（かんじ）を
▼なぞって、
▼つけたして、
それぞれのますをかんせいさせましょう。

❷ 読み方クイズ

★声に出して一回読んでから、□にあう読み方を書きましょう。

南極（きょく） → 南極（き□□） → 南極（□□□）

❸ 漢字（かんじ）を書こう

★□に漢字（かんじ）を書きましょう。下の□には、上の文を書きましょう。

南（なん）□（きょく）の生き物。

□

リマインド

日にち　／

★一週間後の日にちを書いてチャレンジしましょう。

極　とめる　はねる

★この漢字（かんじ）をおぼえた言葉を書きましょう。

日にち　／

名前

言葉や絵でおぼえよう

熊

★次の言葉を言いながら、上の漢字をなぞりましょう。

ム、月、ヒ、ヒ、てん四つ

★あなたが漢字をおぼえやすい言葉を考えて書きましょう。（上と同じでもよい。）

熊本（くまもと）の城（しろ）。

★上の絵を見ながら、左に漢字を書きましょう。

❶ 漢字付けたし完成クイズ

★四つのますの漢字を
▼なぞって、
▼つけたして、
それぞれのますをかんせいさせましょう。

❷ 読み方クイズ

★声に出して一回読んでから、□にあう読み方を書きましょう。

くまもと
熊本
↓
熊本
く□もと
↓
熊本
□□もと

❸ 漢字を書こう

★□に漢字を書きましょう。下の□には、上の文を書きましょう。

□（くま）本（もと）の城（しろ）。

日にち　／

リマインド

★一週間後の日にちを書いてチャレンジしましょう。

熊

とめる　はねる

★この漢字をおぼえた言葉を書きましょう。

日にち　／

名前

言葉や絵でおぼえよう

★次の言葉を言いながら、上の漢字をなぞりましょう。

訓

言に、川

★上の絵を見ながら、左に漢字を書きましょう。

体の訓練。

★あなたが漢字をおぼえやすい言葉を考えて書きましょう。（上と同じでもよい。）

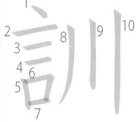

❶ 漢字付けたし完成クイズ

★四つのますの漢字を
▼なぞって、
▼つけたして、
それぞれのますをかんせいさせましょう。

❷ 読み方クイズ

★声に出して一回読んでから、□にあう読み方を書きましょう。

くん
訓練
↓
く□
訓練
↓
□□
訓練

❸ 漢字を書こう

★□に漢字を書きましょう。下の□には、上の文を書きましょう。

体の□（くん）練。

リマインド

日にち　／

★一週間後の日にちを書いてチャレンジしましょう。

訓

とめる　はらう

★この漢字をおぼえた言葉を書きましょう。

日にち

言葉や絵でおぼえよう

★次の言葉を言いながら、上の漢字をなぞりましょう。

軍

ワ、車

昔の軍人。

★上の絵を見ながら、左に漢字を書きましょう。

名前

★あなたが漢字をおぼえやすい言葉を考えて書きましょう。（上と同じでもよい。）

❶ 漢字付けたし完成クイズ

★四つのますの漢字を
▼なぞって、
▼つけたして、
それぞれのますをかんせいさせましょう。

❷ 読み方クイズ

★声に出して一回読んでから、□にあう読み方を書きましょう。

軍人（ぐん）
↓
軍人（ぐ□）
↓
軍人（□□）

❸ 漢字を書こう

★□に漢字を書きましょう。下の□には、上の文を書きましょう。

昔の□（ぐん）人。

リマインド

日にち

★一週間後の日にちを書いてチャレンジしましょう。

軍

長く
とめる

★この漢字をおぼえた言葉を書きましょう。

日にち　／

言葉や絵でおぼえよう

郡

★次の言葉を言いながら、上の漢字をなぞりましょう。

君、おおざと

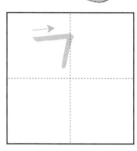

★あなたが漢字をおぼえやすい言葉を考えて書きましょう。（上と同じでもよい。）

名前

郡（ぐん）や町村。

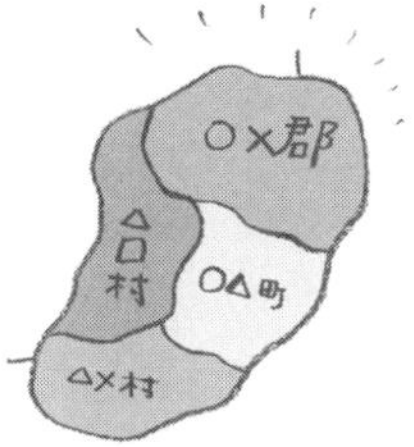

★上の絵を見ながら、左に漢字を書きましょう。

❶ 漢字付けたし完成クイズ

★四つのますの漢字を
▼なぞって、
▼つけたして、
それぞれのますをかんせいさせましょう。

君　郡　尹　郡

❷ 読み方クイズ

★声に出して一回読んでから、□にあう読み方を書きましょう。

郡（ぐん）
↓
郡（ぐ□）
↓
郡（□□）

❸ 漢字を書こう

★□に漢字を書きましょう。下の□には、上の文を書きましょう。

□（ぐん）や町村。

リマインド

日にち　／

★一週間後の日にちを書いてチャレンジしましょう。

郡

出す　はらう　はねる

★この漢字をおぼえた言葉を書きましょう。

日にち

名前

言葉や絵でおぼえよう

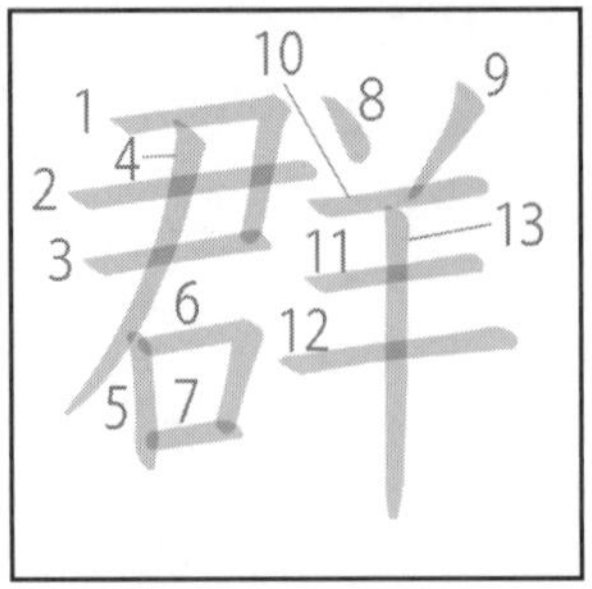

★次の言葉を言いながら、上の漢字をなぞりましょう。

君、羊

★あなたが漢字をおぼえやすい言葉を考えて書きましょう。（上と同じでもよい。）

群馬の温せん。

★上の絵を見ながら、左に漢字を書きましょう。

❶ 漢字付けたし完成クイズ

★四つのますの漢字を

▼なぞって、

▼つけたして、

それぞれのますをかんせいさせましょう。

❷ 読み方クイズ

★声に出して一回読んでから、□にあう読み方を書きましょう。

ぐんま 群馬

↓

ぐ□ま 群馬

↓

□□ま 群馬

❸ 漢字を書こう

★□に漢字を書きましょう。下の□には、上の文を書きましょう。

□馬の温せん。

日にち

リマインド

★一週間後の日にちを書いてチャレンジしましょう。

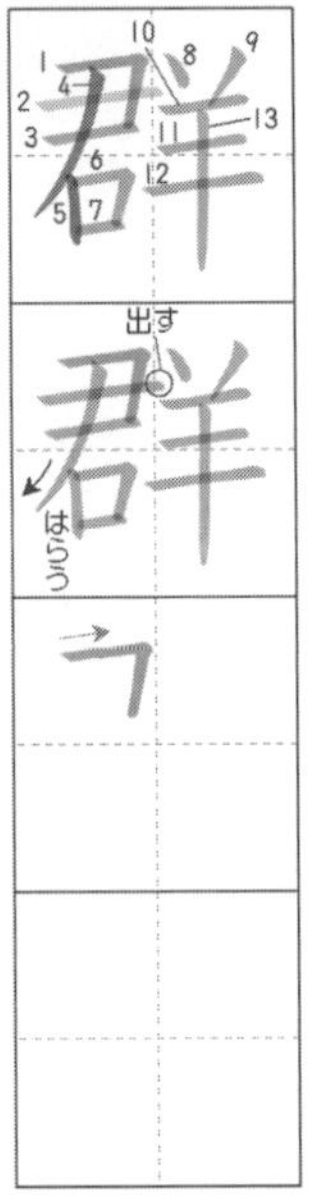

★この漢字をおぼえた言葉を書きましょう。

日にち ／

言葉や絵でおぼえよう

★次の言葉を言いながら、上の漢字をなぞりましょう。

径

ぎょうにんべん、フ、右はらい、土

★上の絵を見ながら、左に漢字を書きましょう。

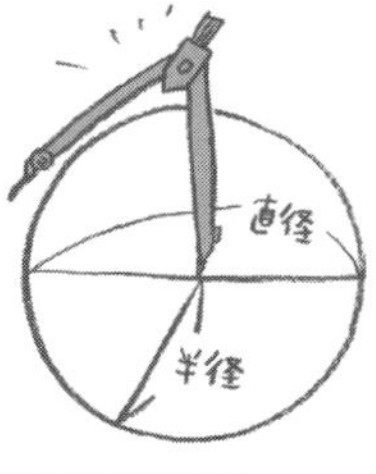

円の直径。

★あなたが漢字をおぼえやすい言葉を考えて書きましょう。（上と同じでもよい。）

名前

❶ 漢字付けたし完成クイズ

★四つのますの漢字を
▼なぞって、
▼つけたして、
それぞれのますをかんせいさせましょう。

❷ 読み方クイズ

★声に出して一回読んでから、□にあう読み方を書きましょう。

直径（けい）
↓
直径（け□）
↓
直径（□□）

❸ 漢字を書こう

★□に漢字を書きましょう。↑の□には、上の文を書きましょう。

円の直□。（けい）

リマインド

日にち ／

★一週間後の日にちを書いてチャレンジしましょう。

つけない　はらう

★この漢字をおぼえた言葉を書きましょう。

日にち　／

名前

言葉や絵でおぼえよう

★次(つぎ)の言葉を言(い)いながら、上の漢字(かんじ)をなぞりましょう。

景

日に、京

★あなたが漢字(かんじ)をおぼえやすい言葉を考えて書きましょう。（上と同じでもよい。）

山の情景(じょうけい)。

★上の絵を見ながら、左に漢字(かんじ)を書きましょう。

❶ 漢字付(かんじつ)けたし完成(かんせい)クイズ

★四つのますの漢字(かんじ)を
▼なぞって、
▼つけたして、
それぞれのますをかんせいさせましょう。

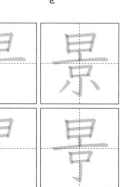

❷ 読み方クイズ

★声に出して一回読んでから、□にあう読み方を書きましょう。

情景　じょうけい
↓
情景　じょうけ□
↓
情景　じょう□□

❸ 漢字(かんじ)を書こう

★□に漢字(かんじ)を書きましょう。下の□には、上の文を書きましょう。

山の情(じょう)□(けい)。

日にち　／

リマインド

★一週間後の日にちを書いてチャレンジしましょう。

景　とめる　はねる

★この漢字(かんじ)をおぼえた言葉を書きましょう。

日にち ／

芸

言葉や絵でおぼえよう

★次の言葉を言いながら、上の漢字をなぞりましょう。

くさかんむり、ニ、ム

★あなたが漢字をおぼえやすい言葉を考えて書きましょう。（上と同じでもよい。）

名前

イルカの曲芸（きょくげい）。

★上の絵を見ながら、左に漢字を書きましょう。

❶ 漢字付けたし完成クイズ

★四つのますの漢字を
▼なぞって、
▼つけたして、
それぞれのますをかんせいさせましょう。

❷ 読み方クイズ

★声に出して一回読んでから、□にあう読み方を書きましょう。

曲芸（げい）
↓
曲芸（げ□）
↓
曲芸（□□）

❸ 漢字を書こう

★□に漢字を書きましょう。下の□には、上の文を書きましょう。

イルカの曲（きょく）□（げい）。

リマインド

日にち ／

★一週間後の日にちを書いてチャレンジしましょう。

芸　長く　とめる

★この漢字をおぼえた言葉を書きましょう。

日にち　／

言葉や絵でおぼえよう

★次の言葉を言いながら、上の漢字をなぞりましょう。

欠

ノ、フ、人

★上の絵を見ながら、左に漢字を書きましょう。

ふちが欠(か)ける。

名前

★あなたが漢字をおぼえやすい言葉を考えて書きましょう。（上と同じでもよい。）

❶ 漢字付けたし完成クイズ

★四つのますの漢字を
▼なぞって、
▼つけたして、
それぞれのますをかんせいさせましょう。

❷ 読み方クイズ

★声に出して一回読んでから、□にあう読み方を書きましょう。

欠(か)ける
↓
欠□ける
↓
欠□ける

❸ 漢字を書こう

★□に漢字を書きましょう。下の□には、上の文を書きましょう。

ふちが□(か)ける。

リマインド

日にち　／

★一週間後の日にちを書いてチャレンジしましょう。

はらう

★この漢字をおぼえた言葉を書きましょう。

日にち

言葉や絵でおぼえよう

★次の言葉を言いながら、上の漢字をなぞりましょう。

結

いとへん、十、よこ、口

★上の絵を見ながら、左に漢字を書きましょう。

ひもを結（むす）ぶ。

名前

★あなたが漢字をおぼえやすい言葉を考えて書きましょう。（上と同じでもよい。）

❶ 漢字付けたし完成クイズ

★四つのますの漢字を
▼なぞって、
▼つけたして、
それぞれのますをかんせいさせましょう。

糸　結
幺　糸土

❷ 読み方クイズ

★声に出して一回読んでから、□にあう読み方を書きましょう。

むす
結ぶ
↓
む
結□ぶ
↓
結□□ぶ

❸ 漢字を書こう

★□に漢字を書きましょう。下の□には、上の文を書きましょう。

ひもを□（むす）ぶ。

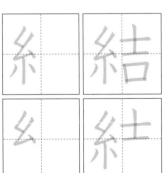

日にち

リマインド

★一週間後の日にちを書いてチャレンジしましょう。

結

結（少し短く）

★この漢字をおぼえた言葉を書きましょう。

日にち

言葉や絵でおぼえよう

★次の言葉を言いながら、上の漢字をなぞりましょう。

建

かく、よこ、よこ、二、たてぼう、えんにょう

建物（たてもの）を建（た）てる。

★上の絵を見ながら、左に漢字を書きましょう。

名前

★あなたが漢字をおぼえやすい言葉を考えて書きましょう。（上と同じでもよい。）

❶ 漢字付けたし完成クイズ

★四つのますの漢字を
▼なぞって、
▼つけたして、
それぞれのますをかんせいさせましょう。

❷ 読み方クイズ

★声に出して一回読んでから、□にあう読み方を書きましょう。

たて
建物
↓
た□
建物
↓
□□
建物

❸ 漢字を書こう

★□に漢字を書きましょう。下の□には、上の文を書きましょう。

□（たて）物（もの）を建（た）てる。

リマインド

日にち

★一週間後の日にちを書いてチャレンジしましょう。

建

出す

はらう

★この漢字をおぼえた言葉を書きましょう。

日にち　／

言葉や絵でおぼえよう

★次の言葉を言いながら、上の漢字をなぞりましょう。

イ、かく、よこ、よこ三本、たてぼう、えんにょう

健こうな体。

★上の絵を見ながら、左に漢字を書きましょう。

名前

★あなたが漢字をおぼえやすい言葉を考えて書きましょう。（上と同じでもよい。）

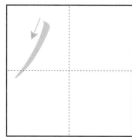

❶ 漢字付けたし完成クイズ

★四つのますの漢字を
▼なぞって、
▼つけたして、
それぞれのますをかんせいさせましょう。

❷ 読み方クイズ

★声に出して一回読んでから、□にあう読み方を書きましょう。

けん
健こう
↓
け□
健こう
↓
□□
健こう

❸ 漢字を書こう

★□に漢字を書きましょう。下の□には、上の文を書きましょう。

けん
□こうな体。

リマインド

日にち　／

★一週間後の日にちを書いてチャレンジしましょう。

出す　はらう

★この漢字をおぼえた言葉を書きましょう。

日にち　／

言葉や絵でおぼえよう

★次の言葉を言いながら、上の漢字をなぞりましょう。

験

馬、やね、よこ、ロ、人

★あなたが漢字をおぼえやすい言葉を考えて書きましょう。（上と同じでもよい。）

名前

試（し）験（けん）を受（う）ける。

★上の絵を見ながら、左に漢字を書きましょう。

❶ 漢字付けたし完成クイズ

★四つのますの漢字を
▼なぞって、
▼つけたして、
それぞれのますを
かんせい
させましょう。

験　馬

❷ 読み方クイズ

★声に出して一回読んでから、□にあう読み方を書きましょう。

試験（しけん）
↓
試験（しけ□）
↓
試験（し□□）

❸ 漢字を書こう

★□に漢字を書きましょう。下の□には、上の文を書きましょう。

試（し）□（けん）を受（う）ける。

日にち　／

リマインド

★一週間後の日にちを書いてチャレンジしましょう。

験

出さない　はねる　はらう

★この漢字をおぼえた言葉を書きましょう。

日にち

名前

言葉や絵でおぼえよう

★次の言葉を言いながら、上の漢字をなぞりましょう。

固

くにがまえに、古

★あなたが漢字をおぼえやすい言葉を考えて書きましょう。（上と同じでもよい。）

土を固（かた）める。

★上の絵を見ながら、左に漢字を書きましょう。

❶ 漢字付けたし完成クイズ

★四つのますの漢字を
▼なぞって、
▼つけたして、
それぞれのますをかんせいさせましょう。

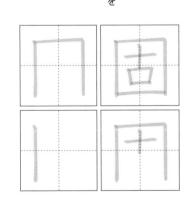

❷ 読み方クイズ

★声に出して一回読んでから、□にあう読み方を書きましょう。

固める（かた）
↓
固める（か□）
↓
固める（□□）

❸ 漢字を書こう

★□に漢字を書きましょう。下の□には、上の文を書きましょう。

土を□（かた）める。

リマインド

日にち

★一週間後の日にちを書いてチャレンジしましょう。

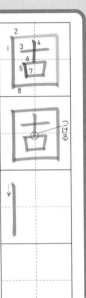

★この漢字をおぼえた言葉を書きましょう。

日にち　／

言葉や絵でおぼえよう

功

★次の言葉を言いながら、上の漢字をなぞりましょう。

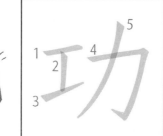

エに、カ

成功する

★上の絵を見ながら、左に漢字を書きましょう。

名前

★あなたが漢字をおぼえやすい言葉を考えて書きましょう。（上と同じでもよい。）

❶ 漢字付けたし完成クイズ

★四つのますの漢字を
▼なぞって、
▼つけたして、
それぞれのますをかんせいさせましょう。

❷ 読み方クイズ

★声に出して一回読んでから、□にあう読み方を書きましょう。

成功　せいこう
↓
成功　せいこ□
↓
成功　せい□□

❸ 漢字を書こう

★□に漢字を書きましょう。下の□には、上の文を書きましょう。

成□する

リマインド

日にち　／

★一週間後の日にちを書いてチャレンジしましょう。

功

はらう　はねる

★この漢字をおぼえた言葉を書きましょう。

日にち
／

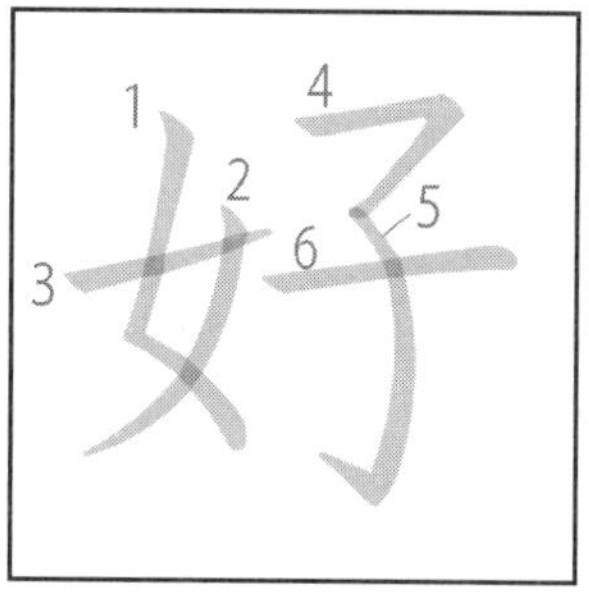

言葉や絵でおぼえよう

★次の言葉を言いながら、上の漢字をなぞりましょう。

女に、子

★上の絵を見ながら、左に漢字を書きましょう。

好(す)きな食べ物。

名前

★あなたが漢字をおぼえやすい言葉を考えて書きましょう。（上と同じでもよい。）

❶ 漢字付けたし完成クイズ

★四つのますの漢字を
▼なぞって、
▼つけたして、
それぞれのますをかんせいさせましょう。

女　好　く　好

❷ 読み方クイズ

★声に出して一回読んでから、□にあう読み方を書きましょう。

好きな（す）
↓
好□きな
↓
好□きな

❸ 漢字を書こう

★□に漢字を書きましょう。下の□には、上の文を書きましょう。

□(す)きな食べ物。

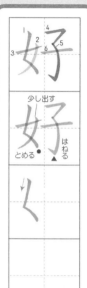

日にち
／

リマインド

★一週間後の日にちを書いてチャレンジしましょう。

好（少し出す・とめる・はねる）　く

★この漢字をおぼえた言葉を書きましょう。

日にち　／

言葉や絵でおぼえよう

香

★次の言葉を言いながら、上の漢字をなぞりましょう。

ノに木、日

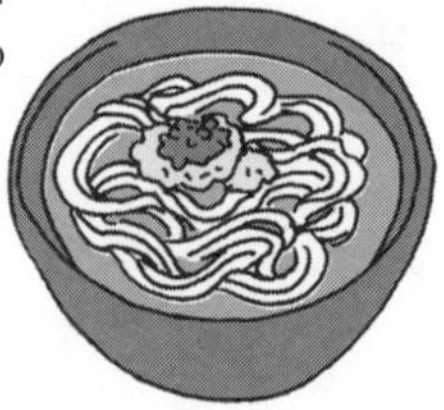

香川のうどん。

★上の絵を見ながら、左に漢字を書きましょう。

名前

★あなたが漢字をおぼえやすい言葉を考えて書きましょう。（上と同じでもよい。）

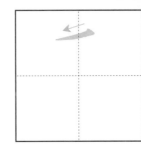

❶ 漢字付けたし完成クイズ

★四つのますの漢字を
▼なぞって、
▼つけたして、
それぞれのますをかんせいさせましょう。

❷ 読み方クイズ

★声に出して一回読んでから、□にあう読み方を書きましょう。

香川（かがわ）
↓
香川（□がわ）
↓
香川（□がわ）

❸ 漢字を書こう

★□に漢字を書きましょう。下の□には、上の文を書きましょう。

□（か）川（がわ）のうどん。

リマインド

日にち　／

★一週間後の日にちを書いてチャレンジしましょう。

香

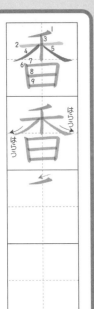

★この漢字をおぼえた言葉を書きましょう。

日にち

言葉や絵でおぼえよう

候

★次の言葉を言いながら、上の漢字をなぞりましょう。

イ、たて、ユ、矢

天候（てんこう）がよい。

★上の絵を見ながら、左に漢字を書きましょう。

名前

★あなたが漢字をおぼえやすい言葉を考えて書きましょう。（上と同じでもよい。）

❶ 漢字付けたし完成クイズ

★四つのますの漢字を
▼なぞって、
▼つけたして、
それぞれのますをかんせいさせましょう。

❷ 読み方クイズ

★声に出して一回読んでから、□にあう読み方を書きましょう。

天候（こう）

↓

天候（こ□）

↓

天候（□□）

❸ 漢字を書こう

★□に漢字を書きましょう。下の□には、上の文を書きましょう。

天（てん）□（こう）がよい。

リマインド

日にち

★一週間後の日にちを書いてチャレンジしましょう。

候

出さない
とめる
はらう

★この漢字をおぼえた言葉を書きましょう。

日にち　／

言葉や絵でおぼえよう

★次の言葉を言いながら、上の漢字をなぞりましょう。

まだれ、かく、よこ、よこ、たて、ン、ノ、右はらい

健康（けんこう）
しんだん

★上の絵を見ながら、左に漢字を書きましょう。

名前

★あなたが漢字をおぼえやすい言葉を考えて書きましょう。（上と同じでもよい。）

❶ 漢字付けたし完成クイズ

★四つのますの漢字を
▼なぞって、
▼つけたして、
それぞれのますをかんせいさせましょう。

康　庚　广　庐

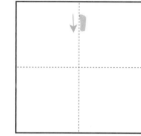

❷ 読み方クイズ

★声に出して一回読んでから、□にあう読み方を書きましょう。

健康　けんこう
↓
健康　けんこ□
↓
健康　けん□□

❸ 漢字を書こう

★□に漢字を書きましょう。下の□には、上の文を書きましょう。

健（けん）□（こう）
しんだん

リマインド

★一週間後の日にちを書いてチャレンジしましょう。

日にち　／

康（はねる・はらう・出す）

★この漢字をおぼえた言葉を書きましょう。

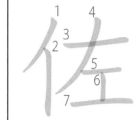

日にち　／

言葉や絵でおぼえよう

佐

★次の言葉を言いながら、上の漢字をなぞりましょう。

イ、左

佐賀（さが）のやき物。

★上の絵を見ながら、左に漢字を書きましょう。

名前

★あなたが漢字をおぼえやすい言葉を考えて書きましょう。（上と同じでもよい。）

❶ 漢字付けたし完成クイズ

★四つのますの漢字を
▼なぞって、
▼つけたして、
それぞれのますをかんせいさせましょう。

イ　佐
ノ　仕

❷ 読み方クイズ

★声に出して一回読んでから、□にあう読み方を書きましょう。

さが
佐賀
↓
□が
佐賀
↓
□が
佐賀

❸ 漢字を書こう

★□に漢字を書きましょう。下の□には、上の文を書きましょう。

□（さ）賀（が）のやき物。

リマインド

日にち　／

★一週間後の日にちを書いてチャレンジしましょう。

佐　佐　はらう

★この漢字をおぼえた言葉を書きましょう。

日にち　／

言葉や絵でおぼえよう

★次の言葉を言いながら、上の漢字をなぞりましょう。

差

ソ、王、ノ、エ

差（さ）がある。

★上の絵を見ながら、左に漢字を書きましょう。

名前

★あなたが漢字をおぼえやすい言葉を考えて書きましょう。（上と同じでもよい。）

❶ 漢字付けたし完成クイズ

★四つのますの漢字を
▼なぞって、
▼つけたして、
それぞれのますをかんせいさせましょう。

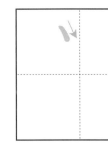

❷ 読み方クイズ

★声に出して一回読んでから、□にあう読み方を書きましょう。

差（さ）がある↓差□がある↓差□がある

❸ 漢字を書こう

★□に漢字を書きましょう。下の□には、上の文を書きましょう。

□（さ）がある。

リマインド

日にち　／

★一週間後の日にちを書いてチャレンジしましょう。

差（はらう・長く）

★この漢字をおぼえた言葉を書きましょう。

日にち　／

名前

言葉や絵でおぼえよう

菜

★次の言葉を言いながら、上の漢字をなぞりましょう。

くさかんむり、ノ、ツ、木

★あなたが漢字をおぼえやすい言葉を考えて書きましょう。（上と同じでもよい。）

野菜を買う。

★上の絵を見ながら、左に漢字を書きましょう。

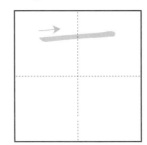

❶ 漢字付けたし完成クイズ

★四つのますの漢字を
▼なぞって、
▼つけたして、
それぞれのますをかんせいさせましょう。

❷ 読み方クイズ

★声に出して一回読んでから、□にあう読み方を書きましょう。

野菜（さい）
↓
野菜（さ□）
↓
野菜（□□）

❸ 漢字を書こう

★□に漢字を書きましょう。下の□には、上の文を書きましょう。

野（や）□（さい）を買う。

リマインド

日にち　／

★一週間後の日にちを書いてチャレンジしましょう。

菜　はらう　とめる

★この漢字をおぼえた言葉を書きましょう。

日にち　／

名前

言葉や絵でおぼえよう

★次の言葉を言いながら、上の漢字をなぞりましょう。

日、耳の上のばす、フ、右はらい

最も高い山。

★上の絵を見ながら、左に漢字を書きましょう。

★あなたが漢字をおぼえやすい言葉を考えて書きましょう。（上と同じでもよい。）

❶ 漢字付けたし完成クイズ

★四つのますの漢字を
▼なぞって、
▼つけたして、
それぞれのますをかんせいさせましょう。

❷ 読み方クイズ

★声に出して一回読んでから、□にあう読み方を書きましょう。

最も（もっと）

最も（も□□）

最も（□□□）

❸ 漢字を書こう

★□に漢字を書きましょう。下の□には、上の文を書きましょう。

（もっと）□も高い山。

リマインド

★一週間後の日にちを書いてチャレンジしましょう。

日にち　／

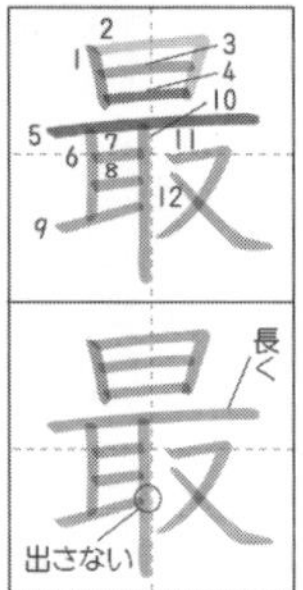

★この漢字をおぼえた言葉を書きましょう。

日にち　／

言葉や絵でおぼえよう

埼

★次の言葉を言いながら、上の漢字をなぞりましょう。

土、大、よこ、口、たてはね

埼玉（さいたま）のお茶（ちゃ）。

★上の絵を見ながら、左に漢字を書きましょう。

★あなたが漢字をおぼえやすい言葉を考えて書きましょう。（上と同じでもよい。）

名前

❶ 漢字付けたし完成クイズ

★四つのますの漢字を
▼なぞって、
▼つけたして、
それぞれのますを
かんせい
させましょう。

❷ 読み方クイズ

★声に出して一回読んでから、□にあう読み方を書きましょう。

埼玉（さいたま）
↓
埼玉（さ□たま）
↓
埼玉（□□たま）

❸ 漢字を書こう

★□に漢字を書きましょう。下の□には、上の文を書きましょう。

□（さい）玉（たま）のお茶（ちゃ）。

リマインド

★一週間後の日にちを書いてチャレンジしましょう。

日にち　／

埼（とめる・はねる）

★この漢字をおぼえた言葉を書きましょう。

日にち

材

言葉や絵でおぼえよう

★次の言葉を言いながら、上の漢字をなぞりましょう。

木に、才

家の木材。

★上の絵を見ながら、左に漢字を書きましょう。

名前

★あなたが漢字をおぼえやすい言葉を考えて書きましょう。（上と同じでもよい。）

❶ 漢字付けたし完成クイズ

★四つのますの漢字を
▼なぞって、
▼つけたして、
それぞれのますをかんせいさせましょう。

木　材
一　村

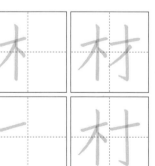

❷ 読み方クイズ

★声に出して一回読んでから、□にあう読み方を書きましょう。

木材（ざい）
↓
木材（ざ□）
↓
木材（□□）

❸ 漢字を書こう

★□に漢字を書きましょう。下の□には、上の文を書きましょう。

家の木□（ざい）。

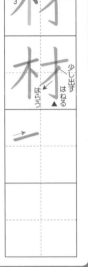

日にち

リマインド

★一週間後の日にちを書いてチャレンジしましょう。

材

少し出す　はねる　はらう

★この漢字をおぼえた言葉を書きましょう。

日にち　／

名前

言葉や絵でおぼえよう

★次の言葉を言いながら、上の漢字をなぞりましょう。

崎

山、大、よこ、口、たてはね

★あなたが漢字をおぼえやすい言葉を考えて書きましょう。（上と同じでもよい。）

長崎（ながさき）の平和（へいわ）公園。

★上の絵を見ながら、左に漢字を書きましょう。

❶ 漢字付けたし完成クイズ

★四つのますの漢字を
▼なぞって、
▼つけたして、
それぞれのますをかんせいさせましょう。

❷ 読み方クイズ

★声に出して一回読んでから、□にあう読み方を書きましょう。

長崎　ながさき
↓
長崎　ながさ□
↓
長崎　なが□□

❸ 漢字を書こう

★□に漢字を書きましょう。下の□には、上の文を書きましょう。

長（なが）□（さき）の平和（へいわ）公園。

リマインド

日にち　／

★一週間後の日にちを書いてチャレンジしましょう。

崎　とめる　はねる

★この漢字をおぼえた言葉を書きましょう。

日にち　／

名前

言葉や絵でおぼえよう

★次の言葉を言いながら、上の漢字をなぞりましょう。

昨

日、ノ、よこ、たて、よこ、よこ

★あなたが漢字をおぼえやすい言葉を考えて書きましょう。（上と同じでもよい。）

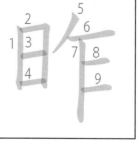

昨日（さくじつ）のこと。

★上の絵を見ながら、左に漢字を書きましょう。

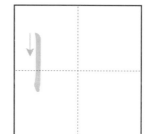

❶ 漢字付けたし完成クイズ

★四つのますの漢字を
▼なぞって、
▼つけたして、
それぞれのますをかんせいさせましょう。

日　昨　日　昨

❷ 読み方クイズ

★声に出して一回読んでから、□にあう読み方を書きましょう。

さく
昨日
↓
さ□
昨日
↓
□□
昨日

❸ 漢字を書こう

★□に漢字を書きましょう。下の□には、上の文を書きましょう。

さく
□日（じつ）のこと。

リマインド

日にち　／

★一週間後の日にちを書いてチャレンジしましょう。

昨　はらう　とめる

★この漢字をおぼえた言葉を書きましょう。

日にち ／

名前

言葉や絵でおぼえよう

札

★次の言葉を言いながら、上の漢字をなぞりましょう。

木、たてよこはね

★あなたが漢字をおぼえやすい言葉を考えて書きましょう。（上と同じでもよい。）

札(ふだ)をつける。

★上の絵を見ながら、左に漢字を書きましょう。

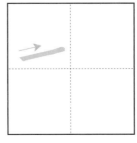

❶ 漢字付けたし完成クイズ

★四つのますの漢字を
▼なぞって、
▼つけたして、
それぞれのますをかんせいさせましょう。

❷ 読み方クイズ

★声に出して一回読んでから、□にあう読み方を書きましょう。

札 ふだ
↓
札 ふ□
↓
札 □□

❸ 漢字を書こう

★□に漢字を書きましょう。下の□には、上の文を書きましょう。

□(ふだ)をつける。

リマインド

日にち ／

★一週間後の日にちを書いてチャレンジしましょう。

札 はねる まげる

★この漢字をおぼえた言葉を書きましょう。

日にち　／

名前

言葉や絵でおぼえよう

★次の言葉を言いながら、上の漢字をなぞりましょう。

刷

コ、たてはらい、たて、
かくはね、たて、たて、
たてはね

★あなたが漢字をおぼえやすい言葉を考えて書きましょう。（上と同じでもよい。）

はがきの印刷（いんさつ）。

★上の絵を見ながら、左に漢字を書きましょう。

❶ 漢字付けたし完成クイズ

★四つのますの漢字を
▼なぞって、
▼つけたして、
それぞれのますをかんせいさせましょう。

❷ 読み方クイズ

★声に出して一回読んでから、□にあう読み方を書きましょう。

印刷（いんさつ）
↓
印刷（いんさ□）
↓
印刷（いん□□）

❸ 漢字を書こう

★□に漢字を書きましょう。下の□には、上の文を書きましょう。

はがきの印（いん）□（さつ）。

リマインド

日にち　／

★一週間後の日にちを書いてチャレンジしましょう。

刷　とめる　はねる

★この漢字をおぼえた言葉を書きましょう。

日にち　／

言葉や絵でおぼえよう

★次の言葉を言いながら、上の漢字をなぞりましょう。

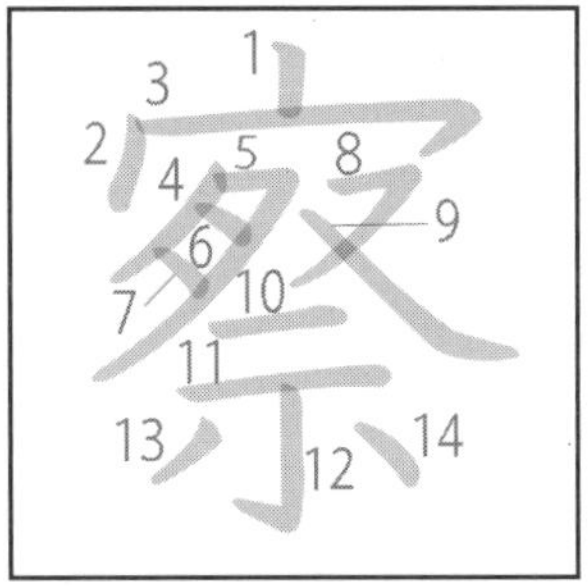

ウ、タのてん一つ、フ、右はらい、二、小

花を観察（かんさつ）する。

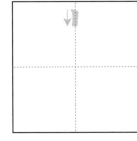

★上の絵を見ながら、左に漢字を書きましょう。

名前

★あなたが漢字をおぼえやすい言葉を考えて書きましょう。（上と同じでもよい。）

❶ 漢字付けたし完成クイズ

★四つのますの漢字を
▼なぞって、
▼つけたして、
それぞれのますをかんせいさせましょう。

❷ 読み方クイズ

★声に出して一回読んでから、□にあう読み方を書きましょう。

観察　かんさつ
↓
観察　かんさ□
↓
観察　かん□□

❸ 漢字を書こう

★□に漢字を書きましょう。下の□には、上の文を書きましょう。

花を観（かん）□（さつ）する。

リマインド

★一週間後の日にちを書いてチャレンジしましょう。

日にち　／

★この漢字をおぼえた言葉を書きましょう。

日にち

名前

言葉や絵でおぼえよう

★次（つぎ）の言葉を言（い）いながら、上の漢字（かんじ）をなぞりましょう。

ム、大、ノ三つ

★あなたが漢字（かんじ）をおぼえやすい言葉を考えて書きましょう。（上と同じでもよい。）

会に参（さん）加（か）する。

★上の絵を見ながら、左に漢字（かんじ）を書きましょう。

❶ 漢字（かんじ）付（つ）けたし完成（かんせい）クイズ

★四つのますの漢字（かんじ）を
▼なぞって、
▼つけたして、
それぞれのますをかんせいさせましょう。

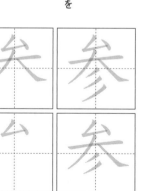

❷ 読み方クイズ

★声に出して一回読んでから、□にあう読み方を書きましょう。

さん
参加
↓
さ□
参加
↓
□□
参加

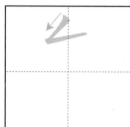

❸ 漢字（かんじ）を書こう

★□に漢字（かんじ）を書きましょう。下の□には、上の文を書きましょう。

会に□（さん）加（か）する。

リマインド

日にち

★一週間後の日にちを書いてチャレンジしましょう。

はらう

★この漢字（かんじ）をおぼえた言葉を書きましょう。

日にち ／

名前

言葉や絵でおぼえよう

★次（つぎ）の言葉を言（い）いながら、上の漢字（かんじ）をなぞりましょう。

産

立、たてはらい、生

★あなたが漢字（かんじ）をおぼえやすい言葉を考えて書きましょう。（上と同じでもよい。）

子どもが産（う）まれる。

★上の絵を見ながら、左に漢字（かんじ）を書きましょう。

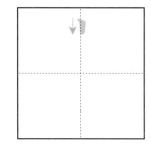

❶ 漢字付（かんじつ）けたし完成（かんせい）クイズ

★四つのますの漢字（かんじ）を
▼なぞって、
▼つけたして、
それぞれのますを
かんせい
させましょう。

❷ 読み方クイズ

★声に出して一回読んでから、□にあう読み方を書きましょう。

産（う）まれ → 産□まれ → 産□まれ

❸ 漢字（かんじ）を書こう

★□に漢字（かんじ）を書きましょう。下の□には、上の文を書きましょう。

子どもが□（う）まれる。

リマインド

★一週間後の日にちを書いてチャレンジしましょう。

日にち ／

産

産 少し長く はらう

★この漢字（かんじ）をおぼえた言葉を書きましょう。

日にち　／

名前

言葉や絵でおぼえよう

★次の言葉を言いながら、上の漢字をなぞりましょう。

よこ、たて、たて、よこ、
よこ、月、ノ、よこ、
左はらい、右はらい

花が散(ち)る。

★上の絵を見ながら、左に漢字を書きましょう。

★あなたが漢字をおぼえやすい言葉を考えて書きましょう。(上と同じでもよい。)

❶ 漢字付けたし完成クイズ

★四つのますの漢字を
▼なぞって、
▼つけたして、
それぞれのますをかんせいさせましょう。

❷ 読み方クイズ

★声に出して一回読んでから、□にあう読み方を書きましょう。

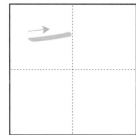

散る(ち)
↓
散□る
↓
散□る

❸ 漢字を書こう

★□に漢字を書きましょう。下の□には、上の文を書きましょう。

花が□(ち)る。

リマインド

日にち　／

★一週間後の日にちを書いてチャレンジしましょう。

散　はねる　はらう

★この漢字をおぼえた言葉を書きましょう。

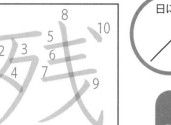

日にち　／

言葉や絵でおぼえよう

残

★次の言葉を言いながら、上の漢字をなぞりましょう。

よこ、夕、よこ三本、つりばり、ノ、てん

食事を残す。

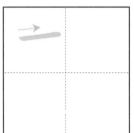

★上の絵を見ながら、左に漢字を書きましょう。

名前

★あなたが漢字をおぼえやすい言葉を考えて書きましょう。（上と同じでもよい。）

❶ 漢字付けたし完成クイズ

★四つのますの漢字を
▼なぞって、
▼つけたして、
それぞれのますをかんせいさせましょう。

❷ 読み方クイズ

★声に出して一回読んでから、□にあう読み方を書きましょう。

のこ
残す
↓
の□
残す
↓
□□
残す

❸ 漢字を書こう

★□に漢字を書きましょう。下の□には、上の文を書きましょう。

食事を□（のこ）す。

リマインド

日にち　／

★一週間後の日にちを書いてチャレンジしましょう。

残

はらう　はねる

★この漢字をおぼえた言葉を書きましょう。

日にち　／

言葉や絵でおぼえよう

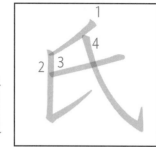

★次の言葉を言いながら、上の漢字をなぞりましょう。

ノ、たて右はね、よこ、つりばり

名前

★あなたが漢字をおぼえやすい言葉を考えて書きましょう。（上と同じでもよい。）

山田氏の家族。

★上の絵を見ながら、左に漢字を書きましょう。

❶ 漢字付けたし完成クイズ

★四つのますの漢字を
▼なぞって、
▼つけたして、
それぞれのますをかんせいさせましょう。

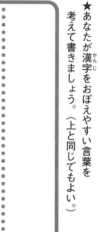

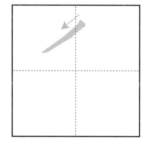

❷ 読み方クイズ

★声に出して一回読んでから、□にあう読み方を書きましょう。

山田氏　し
↓
山田氏□
↓
山田氏□

❸ 漢字を書こう

★□に漢字を書きましょう。下の□には、上の文を書きましょう。

山田□（し）の家族。

リマインド

日にち　／

★一週間後の日にちを書いてチャレンジしましょう。

★この漢字をおぼえた言葉を書きましょう。

日にち　／

名前

言葉や絵でおぼえよう

★次（つぎ）の言葉を言（い）いながら、上の漢字（かんじ）をなぞりましょう。

司

かくはね、よこ、ロ

★あなたが漢字（かんじ）をおぼえやすい言葉を考えて書きましょう。（上と同じでもよい。）

司会（しかい）をする。

★上の絵を見ながら、左に漢字（かんじ）を書きましょう。

❶ 漢字付（かんじづ）けたし完成（かんせい）クイズ

★四つのますの漢字（かんじ）を
▼なぞって、
▼つけたして、
それぞれのますを
かんせいさせましょう。

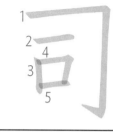

❷ 読み方クイズ

★声に出して一回読んでから、□にあう読み方を書きましょう。

司会（し）
↓
司会 □
↓
司会 □

❸ 漢字（かんじ）を書こう

★□に漢字（かんじ）を書きましょう。トの□には、上の文を書きましょう。

□（し）会（かい）をする。

リマインド

日にち　／

★一週間後の日にちを書いてチャレンジしましょう。

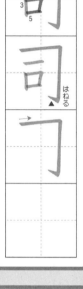

はねる

★この漢字（かんじ）をおぼえた言葉を書きましょう。

名前

日にち　／

言葉や絵でおぼえよう

試

★次の言葉を言いながら、上の漢字をなぞりましょう。

言に、式

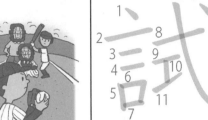

野球の試合（しあい）。

★上の絵を見ながら、左に漢字を書きましょう。

★あなたが漢字をおぼえやすい言葉を考えて書きましょう。（上と同じでもよい。）

❶ 漢字付けたし完成クイズ

★四つのますの漢字を
▼なぞって、
▼つけたして、
それぞれのますをかんせいさせましょう。

試　言　訁　二

❷ 読み方クイズ

★声に出して一回読んでから、□にあう読み方を書きましょう。

試合（し）→ 試合□ → 試合□

❸ 漢字を書こう

★□に漢字を書きましょう。下の□には、上の文を書きましょう。

野球の□（し）合（あい）。

リマインド

日にち　／

★一週間後の日にちを書いてチャレンジしましょう。

試（はねる・はらう）

★この漢字をおぼえた言葉を書きましょう。

日にち　／

名前

言葉や絵でおぼえよう

★次の言葉を言いながら、上の漢字をなぞりましょう。

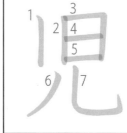

児

たて、日、ノ、たてよこはね

★あなたが漢字をおぼえやすい言葉を考えて書きましょう。（上と同じでもよい。）

児童の手をとる。

★上の絵を見ながら、左に漢字を書きましょう。

❶ 漢字付けたし完成クイズ

★四つのますの漢字を
▼なぞって、
▼つけたして、
それぞれのますをかんせいさせましょう。

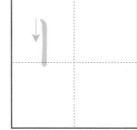

❷ 読み方クイズ

★声に出して一回読んでから、□にあう読み方を書きましょう。

児童（じ）
↓
児童□
↓
児童□

❸ 漢字を書こう

★□に漢字を書きましょう。下の□には、上の文を書きましょう。

□（じ）童の手をとる。

リマインド

日にち　／

★一週間後の日にちを書いてチャレンジしましょう。

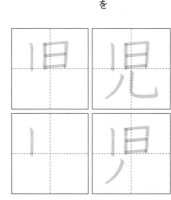

児　児（はらう・はねる）

★この漢字をおぼえた言葉を書きましょう。

日にち　／

言葉や絵でおぼえよう

★次の言葉を言いながら、上の漢字をなぞりましょう。

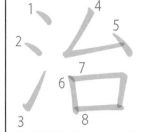

治

さんずいに、台

けがを治（なお）す。

★上の絵を見ながら、左に漢字を書きましょう。

名前

★あなたが漢字をおぼえやすい言葉を考えて書きましょう。（上と同じでもよい。）

❶ 漢字付けたし完成クイズ

★四つのますの漢字を
▼なぞって、
▼つけたして、
それぞれのますをかんせいさせましょう。

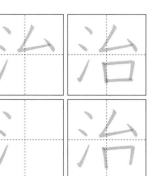

❷ 読み方クイズ

★声に出して一回読んでから、□にあう読み方を書きましょう。

なお
治す
↓
治□す（な）
↓
治□□す

❸ 漢字を書こう

★□に漢字を書きましょう。下の□には、上の文を書きましょう。

けがを□（なお）す。

リマインド

日にち　／

★一週間後の日にちを書いてチャレンジしましょう。

治　とめる

★この漢字をおぼえた言葉を書きましょう。

名前

日にち

言葉や絵でおぼえよう

★次の言葉を言いながら、上の漢字をなぞりましょう。

シ、ソ、よこ、くム、くム

★あなたが漢字をおぼえやすい言葉を考えて書きましょう。（上と同じでもよい。）

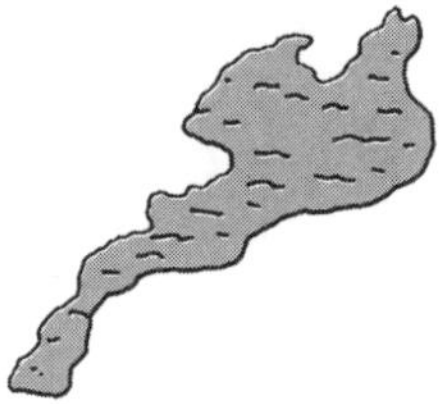

滋賀の湖。

★上の絵を見ながら、左に漢字を書きましょう。

1 漢字付けたし完成クイズ

★四つのますの漢字を
▼なぞって、
▼つけたして、
それぞれのますをかんせいさせましょう。

2 読み方クイズ

★声に出して一回読んでから、□にあう読み方を書きましょう。

滋賀（しが）
↓
滋賀（□が）
↓
滋賀（□が）

3 漢字を書こう

★□に漢字を書きましょう。下の□には、上の文を書きましょう。

□（し）賀の湖。

リマインド

日にち

★一週間後の日にちを書いてチャレンジしましょう。

★この漢字をおぼえた言葉を書きましょう。

日にち ／

名前

言葉や絵でおぼえよう

辞

★次の言葉を言いながら、上の漢字をなぞりましょう。

ノ、十、口、立、十

★あなたが漢字をおぼえやすい言葉を考えて書きましょう。（上と同じでもよい。）

辞書（じしょ）を引く。

★上の絵を見ながら、左に漢字を書きましょう。

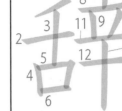

❶ 漢字付けたし完成クイズ

★四つのますの漢字を
▼なぞって、
▼つけたして、
それぞれのますをかんせいさせましょう。

❷ 読み方クイズ

★声に出して一回読んでから、□にあう読み方を書きましょう。

じ
辞書
↓
辞□書
↓
辞書□

❸ 漢字を書こう

★□に漢字を書きましょう。下の□には、上の文を書きましょう。

□（じ）書（しょ）を引く。

リマインド

日にち ／

★一週間後の日にちを書いてチャレンジしましょう。

辞　はらう

★この漢字をおぼえた言葉を書きましょう。

日にち　／

鹿
1 2 3 4 5 6 7 8 9 10 11

言葉や絵でおぼえよう

★次（つぎ）の言葉を言（い）いながら、上の漢字（かんじ）をなぞりましょう。

たて、よこ、ノ、かく、
よこ、たて、たて、ヒ、
ヒ

鹿児島（かごしま）のつる。

★上の絵を見ながら、左に漢字（かんじ）を書きましょう。

名前

★あなたが漢字（かんじ）をおぼえやすい言葉を考えて書きましょう。（上と同じでもよい。）

❶ 漢字付（かんじつ）けたし完成（かんせい）クイズ

★四つのますの漢字（かんじ）を
▼なぞって、
▼つけたして、
それぞれのますを
かんせい
させましょう。

❷ 読み方クイズ

★声に出して一回読んでから、□にあう読み方を書きましょう。

かごしま
鹿児島
↓
□ごしま
鹿児島
↓
□ごしま
鹿児島

❸ 漢字（かんじ）を書こう

★□に漢字（かんじ）を書きましょう。下の□には、上の文を書きましょう。

□（か）児島（ごしま）のつる。

リマインド

日にち　／

★一週間後の日にちを書いてチャレンジしましょう。

鹿
はらう
はねる▲

★この漢字（かんじ）をおぼえた言葉を書きましょう。

日にち　／

言葉や絵でおぼえよう

失（1〜5 書き順）

★次（つぎ）の言葉を言（い）いながら、上の漢字（かんじ）をなぞりましょう。

ノ、二、人

ものを消失（しょうしつ）する。

★上の絵を見ながら、左に漢字（かんじ）を書きましょう。

名前

★あなたが漢字（かんじ）をおぼえやすい言葉を考えて書きましょう。（上と同じでもよい。）

❶ 漢字付（かんじつ）けたし完成（かんせい）クイズ

★四つのますの漢字（かんじ）を
▼なぞって、
▼つけたして、
それぞれのますをかんせいさせましょう。

❷ 読み方クイズ

★声に出して一回読んでから、□にあう読み方を書きましょう。

消失（しつ）
↓
消失（し□）
↓
消失（□□）

❸ 漢字（かんじ）を書こう

★□に漢字（かんじ）を書きましょう。下の□には、上の文を書きましょう。

ものを消（しょう）□（しつ）する。

リマインド

日にち　／

★一週間後の日にちを書いてチャレンジしましょう。

失（1〜5 書き順）　はらう

★この漢字（かんじ）をおぼえた言葉を書きましょう。

日にち　／

名前

言葉や絵でおぼえよう

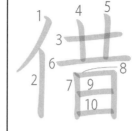

借

★次の言葉を言いながら、上の漢字をなぞりましょう。

にんべんに、昔

★あなたが漢字をおぼえやすい言葉を考えて書きましょう。（上と同じでもよい。）

本を借りる。

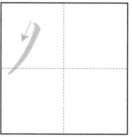

★上の絵を見ながら、左に漢字を書きましょう。

❶ 漢字付けたし完成クイズ

★四つのますの漢字を
▼なぞって、
▼つけたして、
それぞれのますをかんせいさせましょう。

❷ 読み方クイズ

★声に出して一回読んでから、□にあう読み方を書きましょう。

借りる（か）
↓
借□りる
↓
借□りる

❸ 漢字を書こう

★□に漢字を書きましょう。下の□には、上の文を書きましょう。

本を□（か）りる。

リマインド

日にち　／

★一週間後の日にちを書いてチャレンジしましょう。

借　少し長く　とめる

★この漢字をおぼえた言葉を書きましょう。

日にち　／

言葉や絵でおぼえよう

★次の言葉を言いながら、上の漢字をなぞりましょう。

種

のぎへん、重

種をまく。

★上の絵を見ながら、左に漢字を書きましょう。

名前

★あなたが漢字をおぼえやすい言葉を考えて書きましょう。（上と同じでもよい。）

❶ 漢字付けたし完成クイズ

★四つのますの漢字を
▼なぞって、
▼つけたして、
それぞれのますを
かんせい
させましょう。

❷ 読み方クイズ

★声に出して一回読んでから、□にあう読み方を書きましょう。

種　たね

↓

種　た□

↓

種　□□

❸ 漢字を書こう

★□に漢字を書きましょう。下の□には、上の文を書きましょう。

□（たね）をまく。

リマインド

日にち　／

★一週間後の日にちを書いてチャレンジしましょう。

はらう　少し長く

★この漢字をおぼえた言葉を書きましょう。

日にち ／

言葉や絵でおぼえよう

★次の言葉を言いながら、上の漢字をなぞりましょう。

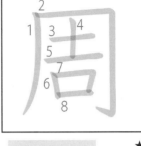

周

たてはらい、かくはね、十、一、口

池の周(まわ)り。

★上の絵を見ながら、左に漢字を書きましょう。

名前

★あなたが漢字をおぼえやすい言葉を考えて書きましょう。（上と同じでもよい。）

❶ 漢字付けたし完成クイズ

★四つのますの漢字を
▼なぞって、
▼つけたして、
それぞれのますをかんせいさせましょう。

❷ 読み方クイズ

★声に出して一回読んでから、□にあう読み方を書きましょう。

周り（まわ）
↓
周り（ま□）
↓
周り（□□）

❸ 漢字を書こう

★□に漢字を書きましょう。下の□には、上の文を書きましょう。

池の□（まわ）り。

リマインド

日にち ／

★一週間後の日にちを書いてチャレンジしましょう。

はらう　はねる

★この漢字をおぼえた言葉を書きましょう。

日にち　／

名前

言葉や絵でおぼえよう

祝

★次の言葉を言いながら、上の漢字をなぞりましょう。

ネに、兄

★あなたが漢字をおぼえやすい言葉を考えて書きましょう。（上と同じでもよい。）

たんじょうのお祝（いわ）い。

★上の絵を見ながら、左に漢字を書きましょう。

❶ 漢字付けたし完成クイズ

★四つのますの漢字を
▼なぞって、
▼つけたして、
それぞれのますをかんせいさせましょう。

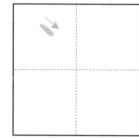

❷ 読み方クイズ

★声に出して一回読んでから、□にあう読み方を書きましょう。

お祝（いわ）い
↓
お祝（い□）い
↓
お祝（□□）い

❸ 漢字を書こう

★□に漢字を書きましょう。下の□には、上の文を書きましょう。

たんじょうのお□（いわ）い。

リマインド

日にち　／

★一週間後の日にちを書いてチャレンジしましょう。

祝

つける　とめる　はねる

★この漢字をおぼえた言葉を書きましょう。

日にち　／

名前

言葉や絵でおぼえよう

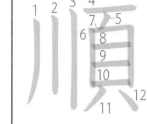

★次の言葉を言いながら、上の漢字をなぞりましょう。

川、一、ノ、貝

★あなたが漢字をおぼえやすい言葉を考えて書きましょう。（上と同じでもよい。）

順

★上の絵を見ながら、左に漢字を書きましょう。

順(じゅん)にならぶ。

❶ 漢字付けたし完成クイズ

★四つのますの漢字を
▼なぞって、
▼つけたして、
それぞれのますをかんせいさせましょう。

❷ 読み方クイズ

★声に出して一回読んでから、□にあう読み方を書きましょう。

じゅん
順に　→　じ□□
順に　→　□□□
順に

❸ 漢字を書こう

★□に漢字を書きましょう。下の□には、上の文を書きましょう。

じゅん
□にならぶ。

日にち　／

リマインド

★一週間後の日にちを書いてチャレンジしましょう。

順　はらう　とめる

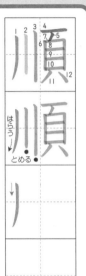

★この漢字をおぼえた言葉を書きましょう。

日にち ／

言葉や絵でおぼえよう

★次の言葉を言いながら、上の漢字をなぞりましょう。

初

ころもへんに、刀

年の初め。

★上の絵を見ながら、左に漢字を書きましょう。

名前

★あなたが漢字をおぼえやすい言葉を考えて書きましょう。（上と同じでもよい。）

❶ 漢字付けたし完成クイズ

★四つのますの漢字を
▼なぞって、
▼つけたして、
それぞれのますをかんせいさせましょう。

❷ 読み方クイズ

★声に出して一回読んでから、□にあう読み方を書きましょう。

はじ 初め
↓
は□ 初め
↓
□□ 初め

❸ 漢字を書こう

★□に漢字を書きましょう。下の□には、上の文を書きましょう。

年の□(はじ)め。

リマインド

日にち ／

★一週間後の日にちを書いてチャレンジしましょう。

初 初 はねる

★この漢字をおぼえた言葉を書きましょう。

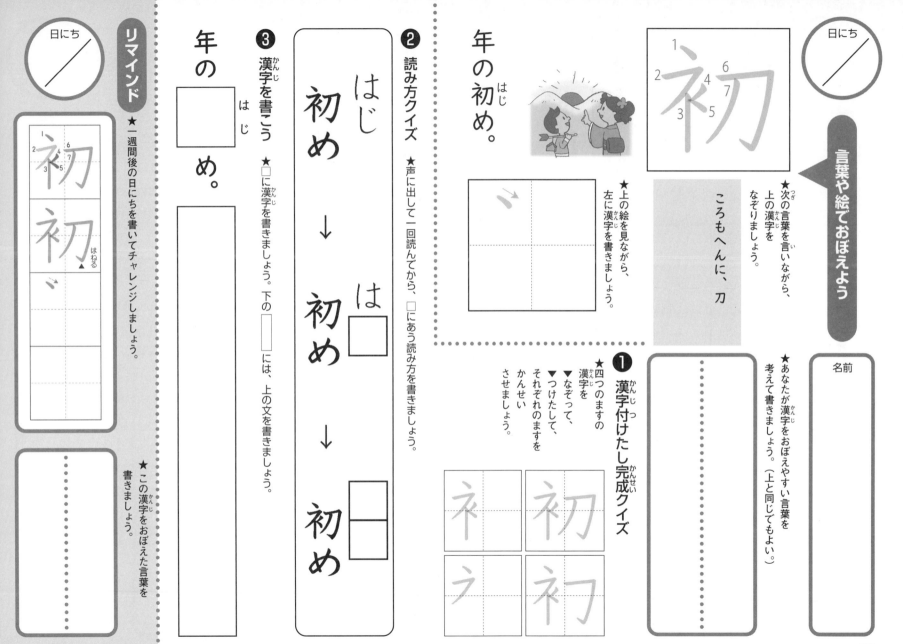

日にち　／

言葉や絵でおぼえよう

★次の言葉を言いながら、上の漢字をなぞりましょう。

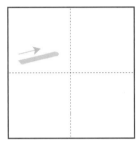

木に、公

松（まつ）の木。

★上の絵を見ながら、左に漢字を書きましょう。

名前

★あなたが漢字をおぼえやすい言葉を考えて書きましょう。（上と同じでもよい。）

❶ 漢字付けたし完成クイズ

★四つのますの漢字を
▼なぞって、
▼つけたして、
それぞれのますをかんせいさせましょう。

❷ 読み方クイズ

★声に出して一回読んでから、□にあう読み方を書きましょう。

松　まつ
↓
松　ま□
↓
松　□□

❸ 漢字を書こう

★□に漢字を書きましょう。下の□には、上の文を書きましょう。

□（まつ）の木。

リマインド

日にち　／

★一週間後の日にちを書いてチャレンジしましょう。

★この漢字をおぼえた言葉を書きましょう。

日にち ／

名前

言葉や絵でおぼえよう

★次の言葉を言いながら、上の漢字をなぞりましょう。

たけかんむり、ノ、大

★あなたが漢字をおぼえやすい言葉を考えて書きましょう。（上と同じでもよい。）

大声で笑（わら）う。

★上の絵を見ながら、左に漢字を書きましょう。

❶ 漢字付けたし完成クイズ

★四つのますの漢字を
▼なぞって、
▼つけたして、
それぞれのますをかんせいさせましょう。

❷ 読み方クイズ

★声に出して一回読んでから、□にあう読み方を書きましょう。

わら 笑う

↓

わ□ 笑う

↓

□□ 笑う

❸ 漢字を書こう

★□に漢字を書きましょう。下の□には、上の文を書きましょう。

大声で□（わら）う。

リマインド

★一週間後の日にちを書いてチャレンジしましょう。

日にち ／

とめる　はらう

★この漢字をおぼえた言葉を書きましょう。

日にち

名前

言葉や絵でおぼえよう

★次の言葉を言いながら、上の漢字をなぞりましょう。

口、日、日

★あなたが漢字をおぼえやすい言葉を考えて書きましょう。（上と同じでもよい。）

目標を唱(とな)える。

★上の絵を見ながら、左に漢字を書きましょう。

❶ 漢字付けたし完成クイズ

★四つのますの漢字を
▼なぞって、
▼つけたして、
それぞれのますを
かんせい
させましょう。

❷ 読み方クイズ

★声に出して一回読んでから、□にあう読み方を書きましょう。

となえる
↓
唱える（と□）
↓
唱える（□□）

❸ 漢字を書こう

★□に漢字を書きましょう。下の□には、上の文を書きましょう。

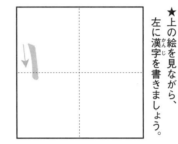

目標を□(とな)える。

リマインド

日にち

★一週間後の日にちを書いてチャレンジしましょう。

下が大きい

★この漢字をおぼえた言葉を書きましょう。

日にち

名前

言葉や絵でおぼえよう

焼

★次の言葉を言いながら、上の漢字をなぞりましょう。

火、十、よこ、たて、たて、よこ、ノ、たて、よこはね

たまごを焼く。

★上の絵を見ながら、左に漢字を書きましょう。

★あなたが漢字をおぼえやすい言葉を考えて書きましょう。（上と同じでもよい。）

❶ 漢字付けたし完成クイズ

★四つのますの漢字を
▼なぞって、
▼つけたして、
それぞれのますをかんせいさせましょう。

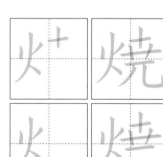

❷ 読み方クイズ

★声に出して一回読んでから、□にあう読み方を書きましょう。

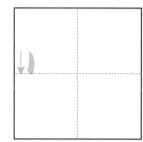

焼く（や） → 焼□く → 焼□く

❸ 漢字を書こう

★□に漢字を書きましょう。下の□には、上の文を書きましょう。

たまごを□（や）く。

リマインド

日にち

★一週間後の日にちを書いてチャレンジしましょう。

焼

とめる　はねる

★この漢字をおぼえた言葉を書きましょう。

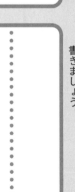

日にち　／

名前

言葉や絵でおぼえよう

照

1 2 3 4 5 6 7 8 9 10 11 12 13

★次の言葉を言いながら、上の漢字をなぞりましょう。

日、刀、口、てん四つ

日が照（て）る。

★上の絵を見ながら、左に漢字を書きましょう。

★あなたが漢字をおぼえやすい言葉を考えて書きましょう。（上と同じでもよい。）

❶ 漢字付けたし完成クイズ

★四つのますの漢字を
▼なぞって、
▼つけたして、
それぞれのますをかんせいさせましょう。

日　昭　照

❷ 読み方クイズ

★声に出して一回読んでから、□にあう読み方を書きましょう。

照（て）る

↓

照□る

↓

照□る

❸ 漢字を書こう

★□に漢字を書きましょう。下の□には、上の文を書きましょう。

日が□（て）る。

リマインド

日にち　／

★一週間後の日にちを書いてチャレンジしましょう。

照　はらう　はねる

★この漢字をおぼえた言葉を書きましょう。

日にち

言葉や絵でおぼえよう

★次の言葉を言いながら、上の漢字をなぞりましょう。

城

土に、成

日本の城（しろ）

★上の絵を見ながら、左に漢字を書きましょう。

★あなたが漢字をおぼえやすい言葉を考えて書きましょう。（上と同じでもよい。）

名前

❶ 漢字付けたし完成クイズ

★四つのますの漢字を
▼なぞって、
▼つけたして、
それぞれのますをかんせいさせましょう。

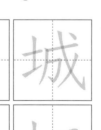

❷ 読み方クイズ

★声に出して一回読んでから、□にあう読み方を書きましょう。

日本の城（しろ）
↓
日本の城（し□）
↓
日本の城（□□）

❸ 漢字を書こう

★□に漢字を書きましょう。下の□には、上の文を書きましょう。

日本の□（しろ）

日にち

リマインド

★一週間後の日にちを書いてチャレンジしましょう。

城　はねる

★この漢字をおぼえた言葉を書きましょう。

日にち　／

言葉や絵でおぼえよう

★次の言葉を言いながら、上の漢字をなぞりましょう。

縄

糸、日、日、たてよこ はね

沖縄（おきなわ）の海。

★上の絵を見ながら、左に漢字を書きましょう。

名前

★あなたが漢字をおぼえやすい言葉を考えて書きましょう。（上と同じでもよい。）

❶ 漢字付けたし完成クイズ

★四つのますの漢字を
▼なぞって、
▼つけたして、
それぞれのますをかんせいさせましょう。

❷ 読み方クイズ

★声に出して一回読んでから、□にあう読み方を書きましょう。

沖縄　おきなわ
↓
沖縄　おきな□
↓
沖縄　おき□□

❸ 漢字を書こう

★□に漢字を書きましょう。下の□には、上の文を書きましょう。

沖（おき）□（なわ）の海。

リマインド

★一週間後の日にちを書いてチャレンジしましょう。

日にち　／

縄　縄（まげる）

★この漢字をおぼえた言葉を書きましょう。

日にち　／

言葉や絵でおぼえよう

★次の言葉を言いながら、上の漢字をなぞりましょう。

たて、よこ、たて、コ、たて、よこ

臣

大臣（だいじん）につかえる。

★上の絵を見ながら、左に漢字を書きましょう。

名前

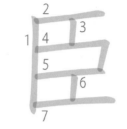

★あなたが漢字をおぼえやすい言葉を考えて書きましょう。（上と同じでもよい。）

❶ 漢字付けたし完成クイズ

★四つのますの漢字を
▼なぞって、
▼つけたして、
それぞれのますをかんせいさせましょう。

❷ 読み方クイズ

★声に出して一回読んでから、□にあう読み方を書きましょう。

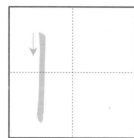

大臣（じん）

大臣（じ□）

大臣（□□）

❸ 漢字を書こう

★□に漢字を書きましょう。下の□には、上の文を書きましょう。

大（だい）□（じん）につかえる。

リマインド

日にち　／

★一週間後の日にちを書いてチャレンジしましょう。

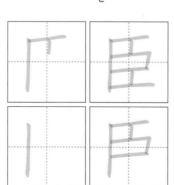

臣　とめる

★この漢字をおぼえた言葉を書きましょう。

日にち　／

言葉や絵でおぼえよう

★次の言葉を言いながら、上の漢字をなぞりましょう。

信

にんべんに、言

自信（じしん）がある。

★上の絵を見ながら、左に漢字を書きましょう。

名前

★あなたが漢字をおぼえやすい言葉を考えて書きましょう。（上と同じでもよい。）

❶ 漢字付けたし完成クイズ

★四つのますの漢字を
▼なぞって、
▼つけたして、
それぞれのますをかんせいさせましょう。

❷ 読み方クイズ

★声に出して一回読んでから、□にあう読み方を書きましょう。

自信（しん）
↓
自信（し□）
↓
自信（□□）

❸ 漢字を書こう

★□に漢字を書きましょう。下の□には、上の文を書きましょう。

自（じ）□（しん）がある。

リマインド

日にち　／

★一週間後の日にちを書いてチャレンジしましょう。

信　信　とめる

★この漢字をおぼえた言葉を書きましょう。

日にち　／

名前

言葉や絵でおぼえよう

★次の言葉を言いながら、上の漢字をなぞりましょう。

井

二、たてはらい、たて

★あなたが漢字をおぼえやすい言葉を考えて書きましょう。（上と同じでもよい。）

福井（ふくい）のかに。

★上の絵を見ながら、左に漢字を書きましょう。

一

❶ 漢字付けたし完成クイズ

★四つのますの漢字を
▼なぞって、
▼つけたして、
それぞれのますをかんせいさせましょう。

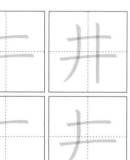

一　二　井

❷ 読み方クイズ

★声に出して一回読んでから、□にあう読み方を書きましょう。

福井（ふくい）
↓
福（ふく）井□
↓
福（ふく）井□

❸ 漢字を書こう

★□に漢字を書きましょう。下の□には、上の文を書きましょう。

福（ふく）□（い）のかに。

リマインド

日にち　／

★一週間後の日にちを書いてチャレンジしましょう。

井　井　一

はらう

★この漢字をおぼえた言葉を書きましょう。

日にち　／

言葉や絵でおぼえよう

★次の言葉を言いながら、上の漢字をなぞりましょう。

成

たてはらい、よこ、かくはね、つりばり、ノ、てん

成長（せいちょう）する。

★上の絵を見ながら、左に漢字を書きましょう。

名前

★あなたが漢字をおぼえやすい言葉を考えて書きましょう。（上と同じでもよい。）

❶ 漢字付けたし完成クイズ

★四つのますの漢字を
▼なぞって、
▼つけたして、
それぞれのますをかんせいさせましょう。

❷ 読み方クイズ

★声に出して一回読んでから、□にあう読み方を書きましょう。

成長（せい）

↓

成長（せ□）

↓

成長（□□）

❸ 漢字を書こう

★□に漢字を書きましょう。下の□には、上の文を書きましょう。

□（せい）長（ちょう）する。

リマインド

★一週間後の日にちを書いてチャレンジしましょう。

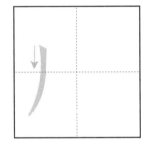

成　はねる　はらう

★この漢字をおぼえた言葉を書きましょう。

日にち　／

日にち

名前

言葉や絵でおぼえよう

省

★次の言葉を言いながら、上の漢字をなぞりましょう。

少に、目

★あなたが漢字をおぼえやすい言葉を考えて書きましょう。（上と同じでもよい。）

反省（はんせい）する。

★上の絵を見ながら、左に漢字を書きましょう。

❶ 漢字付けたし完成クイズ

★四つのますの漢字を
▼なぞって、
▼つけたして、
それぞれのますをかんせいさせましょう。

少　省
小　省

❷ 読み方クイズ

★声に出して一回読んでから、□にあう読み方を書きましょう。

反省（せい）
↓
反省（せ□）
↓
反省（□□）

❸ 漢字を書こう

★□に漢字を書きましょう。下の□には、上の文を書きましょう。

反（はん）□（せい）する。

日にち

リマインド

★一週間後の日にちを書いてチャレンジしましょう。

省　はねる　はらう

★この漢字をおぼえた言葉を書きましょう。

日にち　／

名前

言葉や絵でおぼえよう

★次の言葉を言いながら、上の漢字をなぞりましょう。

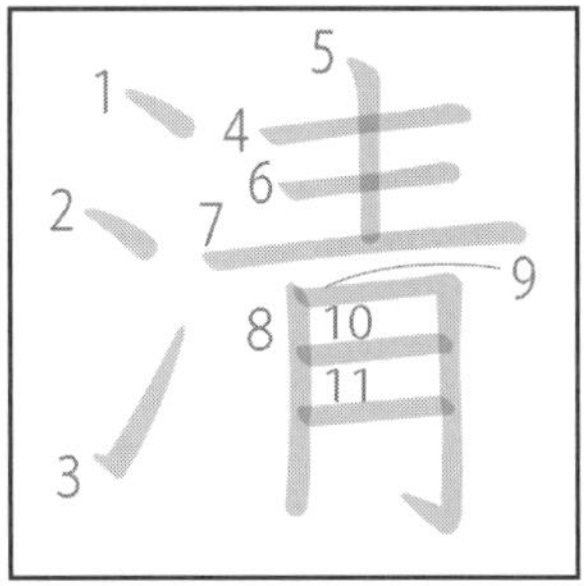

さんずいに、青

★あなたが漢字をおぼえやすい言葉を考えて書きましょう。（上と同じでもよい。）

山の清流。

★上の絵を見ながら、左に漢字を書きましょう。

❶ 漢字付けたし完成クイズ

★四つのますの漢字を
▼なぞって、
▼つけたして、
それぞれのますをかんせいさせましょう。

❷ 読み方クイズ

★声に出して一回読んでから、□にあう読み方を書きましょう。

清流（せい）→ 清流（せ□）→ 清流（□□）

❸ 漢字を書こう

★□に漢字を書きましょう。下の□には、上の文を書きましょう。

山の□（せい）流（りゅう）。

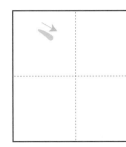

リマインド

日にち　／

★一週間後の日にちを書いてチャレンジしましょう。

清　清（とめる　はねる）

★この漢字をおぼえた言葉を書きましょう。

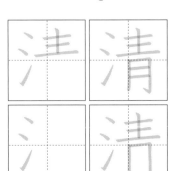

日にち

言葉や絵でおぼえよう

静

1 2 3 4 5 6 7 8 9 10 11 12 13 14

★次の言葉を言いながら、上の漢字をなぞりましょう。

青、ク、かく、よこ、よこ、たてはね

静（しず）かに待つ。

★上の絵を見ながら、左に漢字を書きましょう。

名前

★あなたが漢字をおぼえやすい言葉を考えて書きましょう。（上と同じでもよい。）

❶ 漢字付けたし完成クイズ

★四つのますの漢字を
▼なぞって、
▼つけたして、
それぞれのますをかんせいさせましょう。

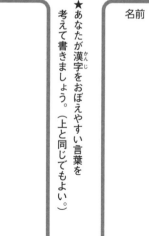

❷ 読み方クイズ

★声に出して一回読んでから、□にあう読み方を書きましょう。

しず
静かに
↓
し
静□かに
↓
静□□かに

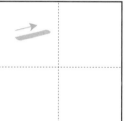

❸ 漢字を書こう

★□に漢字を書きましょう。下の□には、上の文を書きましょう。

（しず）□かに待つ。

リマインド

★一週間後の日にちを書いてチャレンジしましょう。

日にち

静

とめる　はねる　出す

★この漢字をおぼえた言葉を書きましょう。

日にち　／

言葉や絵でおぼえよう

★次の言葉を言いながら、上の漢字をなぞりましょう。

まだれ、よこ、たて、たて、たて、よこ、たて、たて、かくはね、たて

席

席にすわる。

★上の絵を見ながら、左に漢字を書きましょう。

名前

★あなたが漢字をおぼえやすい言葉を考えて書きましょう。（上と同じでもよい。）

❶ 漢字付けたし完成クイズ

★四つのますの漢字を▼なぞって、▼つけたして、それぞれのますをかんせいさせましょう。

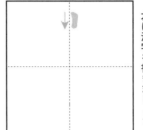

❷ 読み方クイズ

★声に出して一回読んでから、□にあう読み方を書きましょう。

せき
席
↓
せ□
席
↓
□□
席

❸ 漢字を書こう

★□に漢字を書きましょう。下の□には、上の文を書きましょう。

□（せき）にすわる。

リマインド

日にち　／

★一週間後の日にちを書いてチャレンジしましょう。

席　席（つける　はねる）

★この漢字をおぼえた言葉を書きましょう。

日にち　／

言葉や絵でおぼえよう

積

★次の言葉を言いながら、上の漢字をなぞりましょう。

のぎへん、たてぼうの
つき出た王、貝

★上の絵を見ながら、左に漢字を書きましょう。

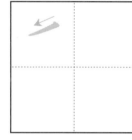

積(つ)み木で遊ぶ。

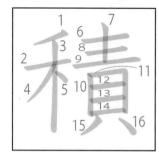

名前

★あなたが漢字をおぼえやすい言葉を考えて書きましょう。（上と同じでもよい。）

❶ 漢字付けたし完成クイズ

★四つのますの漢字を
▼なぞって、
▼つけたして、
それぞれのますを
かんせい
させましょう。

❷ 読み方クイズ

★声に出して一回読んでから、□にあう読み方を書きましょう。

積(つ)み木
↓
積□み木
↓
積□み木

❸ 漢字を書こう

★□に漢字を書きましょう。下の□には、上の文を書きましょう。

□(つ)み木で遊ぶ。

リマインド

日にち　／

★一週間後の日にちを書いてチャレンジしましょう。

積　はらう　少し長く

★この漢字をおぼえた言葉を書きましょう。

日にち　／

言葉や絵でおぼえよう

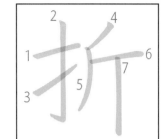

★次の言葉を言いながら、上の漢字をなぞりましょう。

折

てへん、ノ、
たてはらい、よこ、
たて

紙を折る。

★上の絵を見ながら、左に漢字を書きましょう。

名前

★あなたが漢字をおぼえやすい言葉を考えて書きましょう。（上と同じでもよい。）

❶ 漢字付けたし完成クイズ

★四つのますの漢字を
▼なぞって、
▼つけたして、
それぞれのますをかんせいさせましょう。

❷ 読み方クイズ

★声に出して一回読んでから、□にあう読み方を書きましょう。

折る（お）
↓
折□る
↓
折□る

❸ 漢字を書こう

★□に漢字を書きましょう。下の□には、上の文を書きましょう。

紙を□る。（お）

リマインド

日にち　／

★一週間後の日にちを書いてチャレンジしましょう。

折　つける　はねる

★この漢字をおぼえた言葉を書きましょう。

日にち　／

言葉や絵でおぼえよう

節

★次の言葉を言いながら、上の漢字をなぞりましょう。

たけかんむり、ヨ、レ、てん、かくはね、たて

竹の節（ふし）。

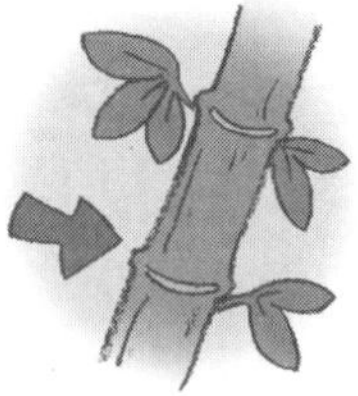

★上の絵を見ながら、左に漢字を書きましょう。

名前

★あなたが漢字をおぼえやすい言葉を考えて書きましょう。（上と同じでもよい。）

❶ 漢字付けたし完成クイズ

★四つのますの漢字を
▼なぞって、
▼つけたして、
それぞれのますをかんせいさせましょう。

❷ 読み方クイズ

★声に出して一回読んでから、□にあう読み方を書きましょう。

節（ふし）
↓
節（ふ□）
↓
節（□□）

❸ 漢字を書こう

★□に漢字を書きましょう。下の□には、上の文を書きましょう。

竹の□（ふし）。

日にち　／

リマインド

★一週間後の日にちを書いてチャレンジしましょう。

節　はらう　はねる

★この漢字をおぼえた言葉を書きましょう。

日にち　／

名前

言葉や絵でおぼえよう

★次の言葉を言いながら、上の漢字をなぞりましょう。

説

言、ソ、兄

説明（せつめい）を聞く。

★上の絵を見ながら、左に漢字を書きましょう。

★あなたが漢字をおぼえやすい言葉を考えて書きましょう。（上と同じでもよい。）

❶ 漢字付けたし完成クイズ

★四つのますの漢字を▼なぞって、▼つけたして、それぞれのますをかんせいさせましょう。

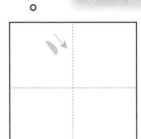

❷ 読み方クイズ

★声に出して一回読んでから、□にあう読み方を書きましょう。

説明（せつ）
↓
説明（せ□）
↓
説明（□□）

❸ 漢字を書こう

★□に漢字を書きましょう。下の□には、上の文を書きましょう。

□（せつ）明（めい）を聞く。

日にち　／

リマインド

★一週間後の日にちを書いてチャレンジしましょう。

説　説

はらう　はねる

★この漢字をおぼえた言葉を書きましょう。

日にち ／

言葉や絵でおぼえよう

浅

★次の言葉を言いながら、上の漢字をなぞりましょう。

さんずい、よこ三本、つりばり、ノ、てん

★上の絵を見ながら、左に漢字を書きましょう。

浅（あさ）い海。

名前

★あなたが漢字をおぼえやすい言葉を考えて書きましょう。（上と同じでもよい。）

❶ 漢字付けたし完成クイズ

★四つのますの漢字を
▼なぞって、
▼つけたして、
それぞれのますをかんせいさせましょう。

❷ 読み方クイズ

★声に出して一回読んでから、□にあう読み方を書きましょう。

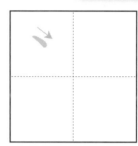

あさ 浅い

↓

あ□ 浅い

↓

□□ 浅い

❸ 漢字を書こう

★□に漢字を書きましょう。下の□には、上の文を書きましょう。

あさ □い海。

リマインド

日にち ／

★一週間後の日にちを書いてチャレンジしましょう。

浅 少し長く はらう はねる

★この漢字をおぼえた言葉を書きましょう。

日にち　／

言葉や絵でおぼえよう

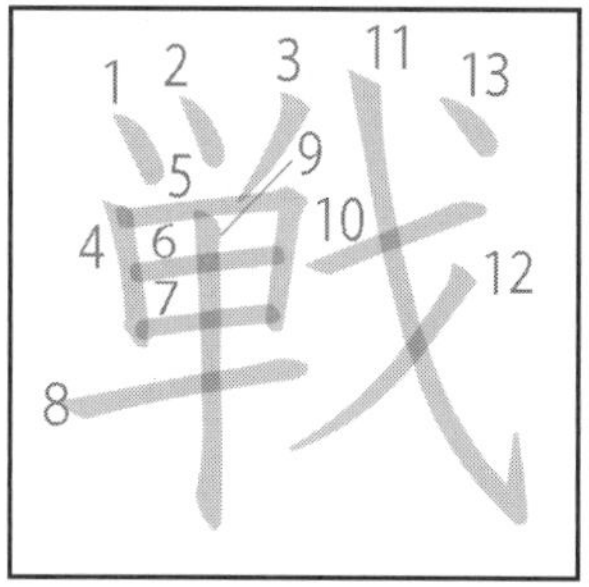

★次の言葉を言いながら、上の漢字をなぞりましょう。

ツ、日、十、よこ、つりばり、ノ、てん

てきと戦（たたか）う。

★上の絵を見ながら、左に漢字を書きましょう。

名前

★あなたが漢字をおぼえやすい言葉を考えて書きましょう。（上と同じでもよい。）

❶ 漢字付（かんじつ）けたし完成（かんせい）クイズ

★四つのますの漢字を
▼なぞって、
▼つけたして、
それぞれのますをかんせいさせましょう。

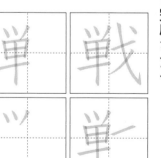

❷ 読み方クイズ

★声に出して一回読んでから、□にあう読み方を書きましょう。

たたか
戦う
↓
た□□
戦う
↓
□□□
戦う

❸ 漢字（かんじ）を書こう

★□に漢字を書きましょう。下の□には、上の文を書きましょう。

てきと□（たたか）う。

リマインド

日にち　／

★一週間後の日にちを書いてチャレンジしましょう。

はねる　はらう

★この漢字をおぼえた言葉を書きましょう。

日にち　／

名前

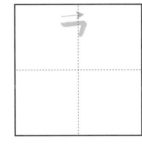

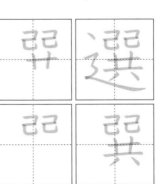

言葉や絵でおぼえよう

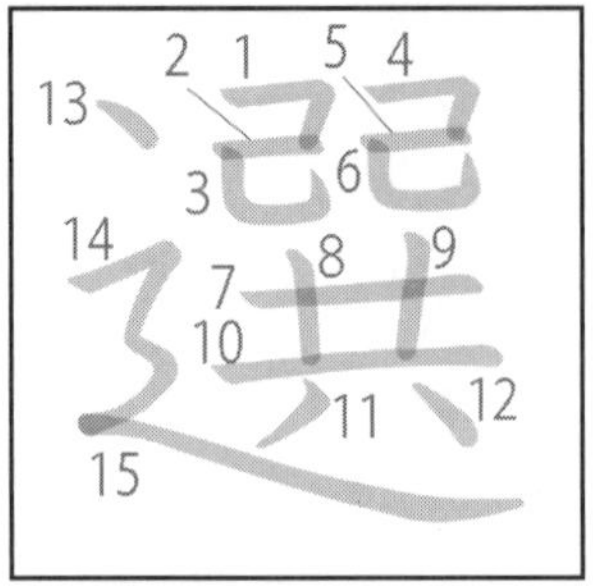

★次の言葉を言いながら、上の漢字をなぞりましょう。

コ、たてよこはね、コ、たてよこはね、よこ、たて、たて、よこ、ハ、しんにょう

★あなたが漢字をおぼえやすい言葉を考えて書きましょう。（上と同じでもよい。）

どちらか選(えら)ぶ。

★上の絵を見ながら、左に漢字を書きましょう。

❶ 漢字付けたし完成クイズ

★四つのますの漢字を
▼なぞって、
▼つけたして、
それぞれのますを
かんせい
させましょう。

❷ 読み方クイズ

★声に出して一回読んでから、□にあう読み方を書きましょう。

えら 選ぶ → え□ 選ぶ → □□ 選ぶ

❸ 漢字を書こう

★□に漢字を書きましょう。下の□には、上の文を書きましょう。

どちらか □(えら)ぶ。

リマインド

日にち　／

★一週間後の日にちを書いてチャレンジしましょう。

はねる　少し長く　はらう

★この漢字をおぼえた言葉を書きましょう。

日にち　／

言葉や絵でおぼえよう

★次の言葉を言いながら、上の漢字をなぞりましょう。

タのてん二つ、犬、
下にてん四つ

自然（しぜん）の空気。

★上の絵を見ながら、左に漢字を書きましょう。

名前

★あなたが漢字をおぼえやすい言葉を考えて書きましょう。（上と同じでもよい。）

❶ 漢字付けたし完成クイズ

★四つのますの漢字を
▼なぞって、
▼つけたして、
それぞれのますを
かんせい
させましょう。

❷ 読み方クイズ

★声に出して一回読んでから、□にあう読み方を書きましょう。

自然（ぜん）
↓
自然（ぜ□）
↓
自然（□□）

❸ 漢字を書こう

★□に漢字を書きましょう。下の□には、上の文を書きましょう。

自（し）□（ぜん）の空気。

リマインド

日にち　／

★一週間後の日にちを書いてチャレンジしましょう。

★この漢字をおぼえた言葉を書きましょう。

日にち　／

言葉や絵でおぼえよう

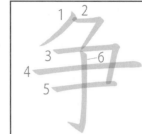

争（1〜6 画）

★次の言葉を言いながら、上の漢字をなぞりましょう。

ク、かく、一、よこ、たてはね

争いになる。

★上の絵を見ながら、左に漢字を書きましょう。

★あなたが漢字をおぼえやすい言葉を考えて書きましょう。（上と同じでもよい。）

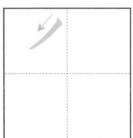

名前

❶ 漢字付けたし完成クイズ

★四つのますの漢字を
▼なぞって、
▼つけたして、
それぞれのますをかんせいさせましょう。

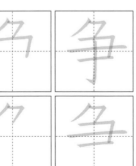

❷ 読み方クイズ

★声に出して一回読んでから、□にあう読み方を書きましょう。

あらそ
争い
↓
あ□□
争い
↓
□□□
争い

❸ 漢字を書こう

★□に漢字を書きましょう。下の□には、上の文を書きましょう。

あらそ
□いになる。

リマインド

日にち　／

★一週間後の日にちを書いてチャレンジしましょう。

出す　はねる

★この漢字をおぼえた言葉を書きましょう。

日にち　／

名前

言葉や絵でおぼえよう

★次の言葉を言いながら、上の漢字をなぞりましょう。

やね、よこ、ヨ、
たてはらい、口

★あなたが漢字をおぼえやすい言葉を考えて書きましょう。（上と同じでもよい。）

★上の絵を見ながら、左に漢字を書きましょう。

倉庫（そうこ）の中。

❶ 漢字付けたし完成クイズ

★四つのますの漢字を
▼なぞって、
▼つけたして、
それぞれのますをかんせいさせましょう。

❷ 読み方クイズ

★声に出して一回読んでから、□にあう読み方を書きましょう。

そう
倉庫
↓
そ□
倉庫
↓
□□
倉庫

❸ 漢字を書こう

★□に漢字を書きましょう。下の□には、上の文を書きましょう。

□（そう）庫（こ）の中。

リマインド

日にち　／

★一週間後の日にちを書いてチャレンジしましょう。

横に

★この漢字をおぼえた言葉を書きましょう。

日にち ／

言葉や絵でおぼえよう

★次（つぎ）の言葉を言（い）いながら、上の漢字（かんじ）をなぞりましょう。

巣

ツ、日、木

鳥の巣（す）。

★上の絵を見ながら、左に漢字（かんじ）を書きましょう。

名前

★あなたが漢字（かんじ）をおぼえやすい言葉を考えて書きましょう。（上と同じでもよい。）

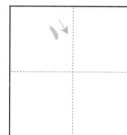

❶ 漢字付（かんじつ）けたし完成（かんせい）クイズ

★四つのますの漢字（かんじ）を
▼なぞって、
▼つけたして、
それぞれのますをかんせいさせましょう。

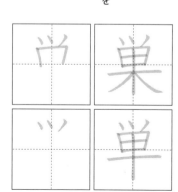

❷ 読み方クイズ

★声に出して一回読んでから、□にあう読み方を書きましょう。

鳥の巣（す）

↓

鳥の巣□

↓

鳥の巣□

❸ 漢字（かんじ）を書こう

★□に漢字（かんじ）を書きましょう。下の□には、上の文を書きましょう。

鳥の□（す）。

リマインド

日にち ／

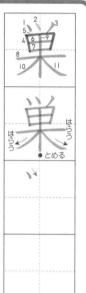

★一週間後の日にちを書いてチャレンジしましょう。

巣

はらう　はらう　とめる

★この漢字（かんじ）をおぼえた言葉を書きましょう。

日にち　／

名前

言葉や絵でおぼえよう

★次の言葉を言いながら、上の漢字をなぞりましょう。

よこ、口、たてぼう、
左はらい、右はらい

★あなたが漢字をおぼえやすい言葉を考えて書きましょう。（上と同じでもよい。）

花束（はなたば）をおくる。

★上の絵を見ながら、左に漢字を書きましょう。

❶ 漢字付けたし完成クイズ

★四つのますの漢字を
▼なぞって、
▼つけたして、
それぞれのますを
かんせい
させましょう。

❷ 読み方クイズ

★声に出して一回読んでから、□にあう読み方を書きましょう。

花束（たば）
↓
花束（た□）
↓
花束（□□）

❸ 漢字を書こう

★□に漢字を書きましょう。下の□には、上の文を書きましょう。

花（はな）□（たば）をおくる。

□

リマインド

日にち　／

★一週間後の日にちを書いてチャレンジしましょう。

はらう　はらう

★この漢字をおぼえた言葉を書きましょう。

日にち

言葉や絵でおぼえよう

側

★次の言葉を言いながら、上の漢字をなぞりましょう。

イ、貝、たて、たてはね

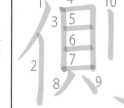

左側通行（ひだりがわつうこう）

★上の絵を見ながら、左に漢字を書きましょう。

名前

★あなたが漢字をおぼえやすい言葉を考えて書きましょう。（上と同じでもよい。）

❶ 漢字付けたし完成クイズ

★四つのますの漢字を
▼なぞって、
▼つけたして、
それぞれのますをかんせいさせましょう。

❷ 読み方クイズ

★声に出して一回読んでから、□にあう読み方を書きましょう。

左側（がわ）
↓
左側（が□）
↓
左側（□□）

❸ 漢字を書こう

★□に漢字を書きましょう。下の□には、上の文を書きましょう。

左（ひだり）□（がわ）通行

リマインド

日にち

★一週間後の日にちを書いてチャレンジしましょう。

側

とめる　はねる

★この漢字をおぼえた言葉を書きましょう。

日にち　／

言葉や絵でおぼえよう

続

★次の言葉を言いながら、上の漢字をなぞりましょう。

いとへん、十、よこ、ワ、ノ、たてよこはね

続きを読む。

★上の絵を見ながら、左に漢字を書きましょう。

名前

★あなたが漢字をおぼえやすい言葉を考えて書きましょう。（上と同じでもよい。）

❶ 漢字付けたし完成クイズ

★四つのますの漢字を
▼なぞって、
▼つけたして、
それぞれのますをかんせいさせましょう。

❷ 読み方クイズ

★声に出して一回読んでから、□にあう読み方を書きましょう。

つづ
続き
↓
つ□
続き
↓
□□
続き

❸ 漢字を書こう

★□に漢字を書きましょう。下の□には、上の文を書きましょう。

つづ
□きを読む。

リマインド

日にち　／

★一週間後の日にちを書いてチャレンジしましょう。

続　少し短く　はねる　はらう

★この漢字をおぼえた言葉を書きましょう。

日にち

名前

言葉や絵でおぼえよう

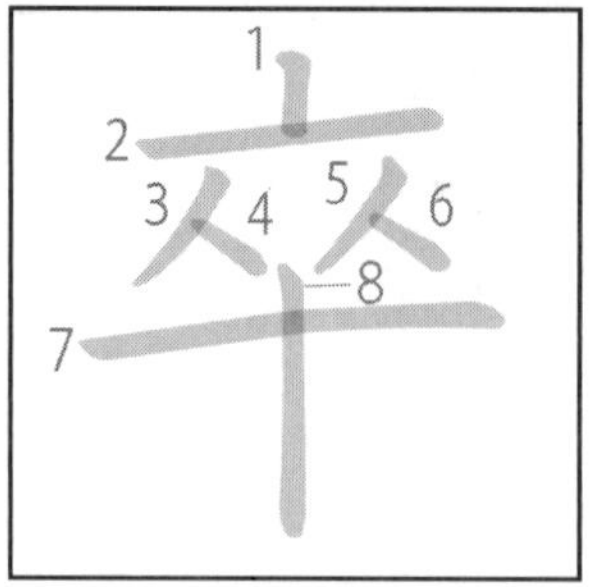

★次の言葉を言いながら、上の漢字をなぞりましょう。

なべぶた、人が二つ、十

★あなたが漢字をおぼえやすい言葉を考えて書きましょう。（上と同じでもよい。）

卒業を祝う。

★上の絵を見ながら、左に漢字を書きましょう。

❶ 漢字付けたし完成クイズ

★四つのますの漢字を
▼なぞって、
▼つけたして、
それぞれのますをかんせいさせましょう。

❷ 読み方クイズ

★声に出して一回読んでから、□にあう読み方を書きましょう。

そつ
卒業
↓
そ□
卒業
↓
□□
卒業

❸ 漢字を書こう

★□に漢字を書きましょう。下の□には、上の文を書きましょう。

そつ
□業を祝う。

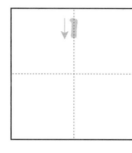

リマインド

★一週間後の日にちを書いてチャレンジしましょう。

とめる

★この漢字をおぼえた言葉を書きましょう。

日にち

日にち　／

言葉や絵でおぼえよう

★次の言葉を言いながら、上の漢字をなぞりましょう。

孫

子、ノ、糸

孫のせわ。

★上の絵を見ながら、左に漢字を書きましょう。

名前

★あなたが漢字をおぼえやすい言葉を考えて書きましょう。（上と同じでもよい。）

❶ 漢字付けたし完成クイズ

★四つのますの漢字を
▼なぞって、
▼つけたして、
それぞれのますをかんせいさせましょう。

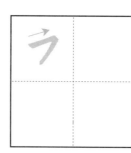

❷ 読み方クイズ

★声に出して一回読んでから、□にあう読み方を書きましょう。

孫（まご）
↓
孫（ま□）
↓
孫（□□）

❸ 漢字を書こう

★□に漢字を書きましょう。下の□には、上の文を書きましょう。

□（まご）のせわ。

日にち　／

リマインド

★一週間後の日にちを書いてチャレンジしましょう。

★この漢字をおぼえた言葉を書きましょう。

日にち ／

言葉や絵でおぼえよう

帯

★次の言葉を言いながら、上の漢字をなぞりましょう。

一、たて三つ、よこ、ワ、たて、かくはね、たて

帯(おび)をする。

★上の絵を見ながら、左に漢字を書きましょう。

一

名前

★あなたが漢字をおぼえやすい言葉を考えて書きましょう。（上と同じでもよい。）

❶ 漢字付けたし完成クイズ

★四つのますの漢字を ▼なぞって、▼つけたして、それぞれのますをかんせいさせましょう。

帯　卌　一　𢀖

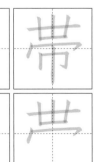

❷ 読み方クイズ

★声に出して一回読んでから、□にあう読み方を書きましょう。

おび 帯 → お□ 帯 → □□ 帯

❸ 漢字を書こう

★□に漢字を書きましょう。下の□には、上の文を書きましょう。

□(おび)をする。

日にち ／

リマインド

★一週間後の日にちを書いてチャレンジしましょう。

帯　帯（はねる）　一

★この漢字をおぼえた言葉を書きましょう。

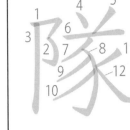

日にち　／

言葉や絵でおぼえよう

名前

隊

★次の言葉を言いながら、上の漢字をなぞりましょう。

こざとへん、ソ、よこ、ノ、たてはね、ノ二つ、ノ、右はらい

★あなたが漢字をおぼえやすい言葉を考えて書きましょう。（上と同じでもよい。）

部隊で動く。

★上の絵を見ながら、左に漢字を書きましょう。

❶ 漢字付けたし完成クイズ

★四つのますの漢字を
▼なぞって、
▼つけたして、
それぞれのますをかんせいさせましょう。

❷ 読み方クイズ

★声に出して一回読んでから、□にあう読み方を書きましょう。

部隊（たい）
↓
部隊（た□）
↓
部隊（□□）

❸ 漢字を書こう

★□に漢字を書きましょう。下の□には、上の文を書きましょう。

部□（たい）で動く。

リマインド

日にち　／

★一週間後の日にちを書いてチャレンジしましょう。

隊

★この漢字をおぼえた言葉を書きましょう。

日にち　／

言葉や絵でおぼえよう

★次(つぎ)の言葉を言(い)いながら、上の漢字(かんじ)をなぞりましょう。

達

（書き順 1〜12）

土、羊、しんにょう

★上の絵を見ながら、左に漢字(かんじ)を書きましょう。

速達(そくたつ)で送る。

名前

★あなたが漢字(かんじ)をおぼえやすい言葉を考えて書きましょう。（上と同じでもよい。）

❶ 漢字(かんじ)付(つ)けたし完成(かんせい)クイズ

★四つのますの漢字(かんじ)を
▼なぞって、
▼つけたして、
それぞれのますをかんせいさせましょう。

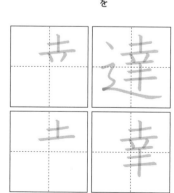

達	土
幸	土

❷ 読み方クイズ

★声に出して一回読んでから、□にあう読み方を書きましょう。

速達（たつ）
↓
速達（た□）
↓
速達（□□）

❸ 漢字(かんじ)を書こう

★□に漢字(かんじ)を書きましょう。下の□には、上の文を書きましょう。

速(そく)□(たつ)で送る。

リマインド

★一週間後の日にちを書いてチャレンジしましょう。

日にち　／

達（書き順 1〜12）

少し長く　はらう

★この漢字(かんじ)をおぼえた言葉を書きましょう。

日にち ／

単

言葉や絵でおぼえよう

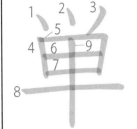

★次の言葉を言いながら、上の漢字をなぞりましょう。

ツ、日、十

名前

★あなたが漢字をおぼえやすい言葉を考えて書きましょう。（上と同じでもよい。）

一つ単位（たんい）

★上の絵を見ながら、左に漢字を書きましょう。

❶ 漢字付けたし完成クイズ

★四つのますの漢字を
▼なぞって、
▼つけたして、
それぞれのますをかんせいさせましょう。

❷ 読み方クイズ

★声に出して一回読んでから、□にあう読み方を書きましょう。

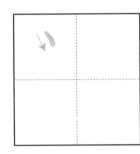

単位（たんい）
↓
単位（た□い）
↓
単位（□□い）

❸ 漢字を書こう

★□に漢字を書きましょう。下の□には、上の文を書きましょう。

一つ□（たん）位（い）

リマインド

日にち ／

★一週間後の日にちを書いてチャレンジしましょう。

単（はらう・長く）

★この漢字をおぼえた言葉を書きましょう。

日にち

名前

言葉や絵でおぼえよう

★次の言葉を言いながら、上の漢字をなぞりましょう。

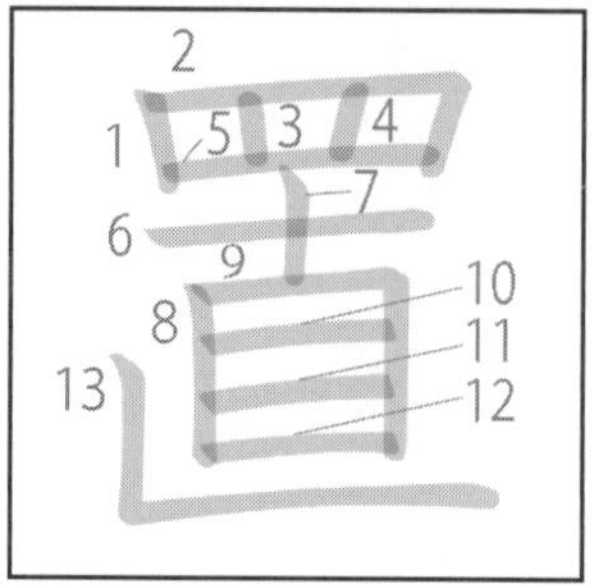

四に、直
＊四ではない

★あなたが漢字をおぼえやすい言葉を考えて書きましょう。（上と同じでもよい。）

ものの配置（はいち）。

★上の絵を見ながら、左に漢字を書きましょう。

❶ 漢字付けたし完成クイズ

★四つのますの漢字を
▼なぞって、
▼つけたして、
それぞれのますを
かんせいさせましょう。

❷ 読み方クイズ

★声に出して一回読んでから、□にあう読み方を書きましょう。

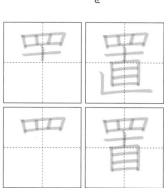

配置　ち
↓
配置□
↓
配置□

❸ 漢字を書こう

★□に漢字を書きましょう。下の□には、上の文を書きましょう。

ものの配（はい）□（ち）。

リマインド

日にち

★一週間後の日にちを書いてチャレンジしましょう。

置

★この漢字をおぼえた言葉を書きましょう。

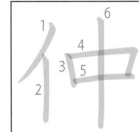

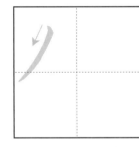

日にち　／

言葉や絵でおぼえよう

仲

★次の言葉を言いながら、上の漢字をなぞりましょう。

にんべんに、中

仲がよい。

★上の絵を見ながら、左に漢字を書きましょう。

名前

★あなたが漢字をおぼえやすい言葉を考えて書きましょう。（上と同じでもよい。）

❶ 漢字付けたし完成クイズ

★四つのますの漢字を
▼なぞって、
▼つけたして、
それぞれのますをかんせいさせましょう。

❷ 読み方クイズ

★声に出して一回読んでから、□にあう読み方を書きましょう。

なか
仲がよい。
↓
な□
仲がよい。
↓
□□
仲がよい。

❸ 漢字を書こう

★□に漢字を書きましょう。下の□には、上の文を書きましょう。

なか
□がよい。

リマインド

日にち　／

★一週間後の日にちを書いてチャレンジしましょう。

仲　とめる

★この漢字をおぼえた言葉を書きましょう。

日にち　／

言葉や絵でおぼえよう

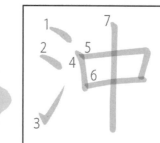

沖

★次の言葉を言いながら、上の漢字をなぞりましょう。

シ、中

沖縄（おきなわ）の水族館。

★上の絵を見ながら、左に漢字を書きましょう。

名前

★あなたが漢字をおぼえやすい言葉を考えて書きましょう。（上と同じでもよい。）

❶ 漢字付けたし完成クイズ

★四つのますの漢字を
▼なぞって、
▼つけたして、
それぞれのますをかんせいさせましょう。

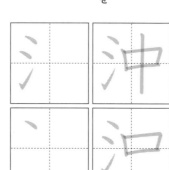

❷ 読み方クイズ

★声に出して一回読んでから、□にあう読み方を書きましょう。

おきなわ
沖縄
↓
お□なわ
沖縄
↓
□□なわ
沖縄

❸ 漢字を書こう

★□に漢字を書きましょう。下の□には、上の文を書きましょう。

おき
□縄（なわ）の水族館。

リマインド

日にち　／

★一週間後の日にちを書いてチャレンジしましょう。

沖

★この漢字をおぼえた言葉を書きましょう。

日にち ／

名前

言葉や絵でおぼえよう

兆

★次の言葉を言いながら、上の漢字をなぞりましょう。

ン、たてはらい、ノ、てん、たてよこはね

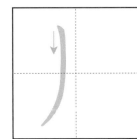

★あなたが漢字をおぼえやすい言葉を考えて書きましょう。（上と同じでもよい。）

★上の絵を見ながら、左に漢字を書きましょう。

雨の前兆（ぜんちょう）。

❶ 漢字付けたし完成クイズ

★四つのますの漢字を
▼なぞって、
▼つけたして、
それぞれのますをかんせいさせましょう。

❷ 読み方クイズ

★声に出して一回読んでから、□にあう読み方を書きましょう。

前兆 ちょう
↓
前兆 ち□□
↓
前兆 □□□

❸ 漢字を書こう

★□に漢字を書きましょう。下の□には、上の文を書きましょう。

雨の前（ぜん）□（ちょう）。

リマインド

★一週間後の日にちを書いてチャレンジしましょう。

日にち ／

兆 はねる はらう

★この漢字をおぼえた言葉を書きましょう。

日にち ／

言葉や絵でおぼえよう

★次の言葉を言いながら、上の漢字をなぞりましょう。

低

にんべん、ノ、レ、よこ、つりばり、よこ

せが低い（ひく）い。

★上の絵を見ながら、左に漢字を書きましょう。

名前

★あなたが漢字をおぼえやすい言葉を考えて書きましょう。（上と同じでもよい。）

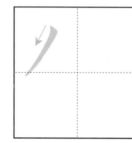

❶ 漢字付けたし完成クイズ

★四つのますの漢字を
▼なぞって、
▼つけたして、
それぞれのますをかんせいさせましょう。

❷ 読み方クイズ

★声に出して一回読んでから、□にあう読み方を書きましょう。

低（ひく）い → 低（ひ□）い → 低（□□）い

❸ 漢字を書こう

★□に漢字を書きましょう。下の□には、上の文を書きましょう。

せが□（ひく）い。

リマインド

日にち ／

★一週間後の日にちを書いてチャレンジしましょう。

低 はらう はらう はねる

★この漢字をおぼえた言葉を書きましょう。

日にち

名前

言葉や絵でおぼえよう

★次の言葉を言いながら、上の漢字をなぞりましょう。

底

まだれ、ノ、レ、よこ、つりばり、よこ

井戸の底(そこ)。

★上の絵を見ながら、左に漢字を書きましょう。

★あなたが漢字をおぼえやすい言葉を考えて書きましょう。(上と同じでもよい。)

❶ 漢字付けたし完成クイズ

★四つのますの漢字を
▼なぞって、
▼つけたして、
それぞれのますをかんせいさせましょう。

❷ 読み方クイズ

★声に出して一回読んでから、□にあう読み方を書きましょう。

底 そこ

↓

底 そ□

↓

底 □□

❸ 漢字を書こう

★□に漢字を書きましょう。下の□には、上の文を書きましょう。

井戸の□(そこ)。

リマインド

日にち

★一週間後の日にちを書いてチャレンジしましょう。

底 底 はねる

★この漢字をおぼえた言葉を書きましょう。

日にち

言葉や絵でおぼえよう

的

★次の言葉を言いながら、上の漢字をなぞりましょう。

白、ノ、かくはね、てん

的（まと）に当てる。

★上の絵を見ながら、左に漢字を書きましょう。

名前

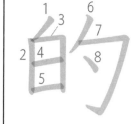

★あなたが漢字をおぼえやすい言葉を考えて書きましょう。（上と同じでもよい。）

❶ 漢字付けたし完成クイズ

★四つのますの漢字を
▼なぞって、
▼つけたして、
それぞれのますをかんせいさせましょう。

白　的　亻　的

❷ 読み方クイズ

★声に出して一回読んでから、□にあう読み方を書きましょう。

まと
的
↓
ま□
的
↓
□□
的

❸ 漢字を書こう

★□に漢字を書きましょう。下の□には、上の文を書きましょう。

□（まと）に当てる。

リマインド

★一週間後の日にちを書いてチャレンジしましょう。

的　はらう　はねる

★この漢字をおぼえた言葉を書きましょう。

日にち

日にち　／

名前

言葉や絵でおぼえよう

★次の言葉を言いながら、上の漢字をなぞりましょう。

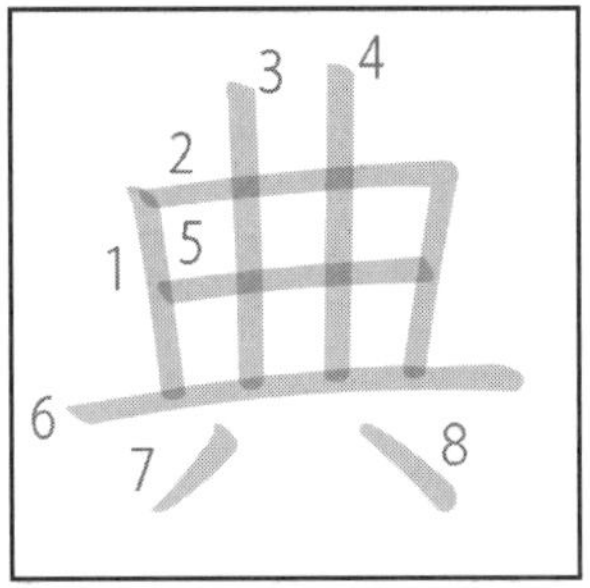

たて、かく、たて、たて、
たて、よこ、よこ、ハ

★あなたが漢字をおぼえやすい言葉を考えて書きましょう。（上と同じでもよい。）

百科事典（じてん）

★上の絵を見ながら、左に漢字を書きましょう。

❶ 漢字付けたし完成クイズ

★四つのますの漢字を
▼なぞって、
▼つけたして、
それぞれのますを
かんせい
させましょう。

❷ 読み方クイズ

★声に出して一回読んでから、□にあう読み方を書きましょう。

事典（てん）
↓
事典（て□）
↓
事典（□□）

❸ 漢字を書こう

★□に漢字を書きましょう。下の□には、上の文を書きましょう。

百科事（じ）□（てん）

リマインド

日にち　／

★一週間後の日にちを書いてチャレンジしましょう。

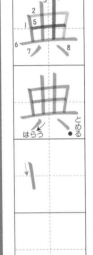

典（とめる・はらう）

★この漢字をおぼえた言葉を書きましょう。

日にち ／

名前

言葉や絵でおぼえよう

★次の言葉を言いながら、上の漢字をなぞりましょう。

伝

1 2 3 4 5 6

にんべんに、二、ム

出来事を伝える。

★上の絵を見ながら、左に漢字を書きましょう。

★あなたが漢字をおぼえやすい言葉を考えて書きましょう。(上と同じでもよい。)

❶ 漢字付けたし完成クイズ

★四つのますの漢字を
▼なぞって、
▼つけたして、
それぞれのますをかんせいさせましょう。

❷ 読み方クイズ

★声に出して一回読んでから、□にあう読み方を書きましょう。

伝える（つた）→ 伝□える（つ）→ 伝□□える

❸ 漢字を書こう

★□に漢字を書きましょう。下の□には、上の文を書きましょう。

出来事を□（つた）える。

日にち ／

リマインド

★一週間後の日にちを書いてチャレンジしましょう。

伝 長く とめる

★この漢字をおぼえた言葉を書きましょう。

日にち　／

言葉や絵でおぼえよう

徒

★次の言葉を言いながら、上の漢字をなぞりましょう。

ぎょうにんべんに、走

徒（と）歩（ほ）で通う。

★上の絵を見ながら、左に漢字を書きましょう。

★あなたが漢字をおぼえやすい言葉を考えて書きましょう。（上と同じでもよい。）

名前

❶ 漢字付けたし完成クイズ

★四つのますの漢字を
▼なぞって、
▼つけたして、
それぞれのますをかんせいさせましょう。

❷ 読み方クイズ

★声に出して一回読んでから、□にあう読み方を書きましょう。

徒歩と

↓

徒□歩

↓

徒□歩

❸ 漢字を書こう

★□に漢字を書きましょう。下の□には、上の文を書きましょう。

□と歩（ほ）で通う。

リマインド

★一週間後の日にちを書いてチャレンジしましょう。

日にち　／

徒

長く　とめる　はらう

★この漢字をおぼえた言葉を書きましょう。

日にち　／

言葉や絵でおぼえよう

★次の言葉を言いながら、上の漢字をなぞりましょう。

女、フ、みぎはらい、力

努

努力（どりょく）をする。

★上の絵を見ながら、左に漢字を書きましょう。

名前

★あなたが漢字をおぼえやすい言葉を考えて書きましょう。（上と同じでもよい。）

❶ 漢字付けたし完成クイズ

★四つのますの漢字を
▼なぞって、
▼つけたして、
それぞれのますをかんせいさせましょう。

❷ 読み方クイズ

★声に出して一回読んでから、□にあう読み方を書きましょう。

努力（ど）
↓
努力□
↓
努力□

❸ 漢字を書こう

★□に漢字を書きましょう。下の□には、上の文を書きましょう。

□（ど）力（りょく）をする。

リマインド

日にち　／

★一週間後の日にちを書いてチャレンジしましょう。

努　はらう　はねる　はらう

★この漢字をおぼえた言葉を書きましょう。

日にち　／

名前

言葉や絵でおぼえよう

★次の言葉を言いながら、上の漢字をなぞりましょう。

灯

火に、丁

★あなたが漢字をおぼえやすい言葉を考えて書きましょう。（上と同じでもよい。）

灯台の光。

★上の絵を見ながら、左に漢字を書きましょう。

❶ 漢字付けたし完成クイズ

★四つのますの漢字を
▼なぞって、
▼つけたして、
それぞれのますをかんせいさせましょう。

火　灯

❷ 読み方クイズ

★声に出して一回読んでから、□にあう読み方を書きましょう。

とう
灯台
↓
と□
灯台
↓
□□
灯台

❸ 漢字を書こう

★□に漢字を書きましょう。下の□には、上の文を書きましょう。

□(とう)台の光。

リマインド

日にち　／

★一週間後の日にちを書いてチャレンジしましょう。

灯　灯（とめる・はねる）

★この漢字をおぼえた言葉を書きましょう。

日にち　／

言葉や絵でおぼえよう

★次の言葉を言いながら、上の漢字をなぞりましょう。

働

にんべんに、動

畑で働く。

★上の絵を見ながら、左に漢字を書きましょう。

名前

★あなたが漢字をおぼえやすい言葉を考えて書きましょう。（上と同じでもよい。）

❶ 漢字付けたし完成クイズ

★四つのますの漢字を
▼なぞって、
▼つけたして、
それぞれのますをかんせいさせましょう。

❷ 読み方クイズ

★声に出して一回読んでから、□にあう読み方を書きましょう。

はたら働く
↓
は□□働く
↓
□□□働く

❸ 漢字を書こう

★□に漢字を書きましょう。下の□には、上の文を書きましょう。

畑で□く。（はたら）

リマインド

日にち　／

★一週間後の日にちを書いてチャレンジしましょう。

働　はらう　はねる

★この漢字をおぼえた言葉を書きましょう。

日にち ／

言葉や絵でおぼえよう

特

★次の言葉を言いながら、上の漢字をなぞりましょう。

牛、寺

特賞（とくしょう）が当たる。

★上の絵を見ながら、左に漢字を書きましょう。

★あなたが漢字をおぼえやすい言葉を考えて書きましょう。（上と同じでもよい。）

名前

❶ 漢字付けたし完成クイズ

★四つのますの漢字を
▼なぞって、
▼つけたして、
それぞれのますをかんせいさせましょう。

❷ 読み方クイズ

★声に出して一回読んでから、□にあう読み方を書きましょう。

とくしょう
特賞
↓
と□しょう
特賞
↓
□□しょう
特賞

❸ 漢字を書こう

★□に漢字を書きましょう。下の□には、上の文を書きましょう。

□（とく）賞（しょう）が当たる。

リマインド

日にち ／

★一週間後の日にちを書いてチャレンジしましょう。

特

はらう　とめる　はねる

★この漢字をおぼえた言葉を書きましょう。

日にち ／

言葉や絵でおぼえよう

徳

★次の言葉を言いながら、上の漢字をなぞりましょう。

ぎょうにんべん、十、四、心

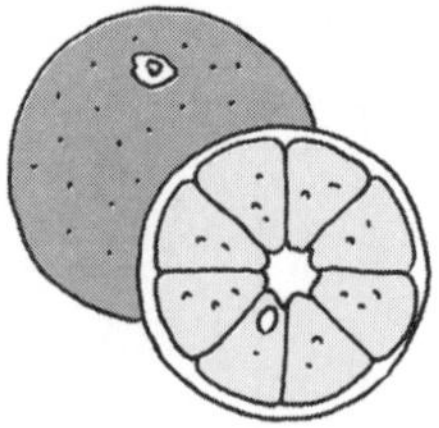

徳島（とくしま）のすだち。

★上の絵を見ながら、左に漢字を書きましょう。

名前

★あなたが漢字をおぼえやすい言葉を考えて書きましょう。（上と同じでもよい。）

❶ 漢字付けたし完成クイズ

★四つのますの漢字を
▼なぞって、
▼つけたして、
それぞれのますをかんせいさせましょう。

徳　徳　徳　彳

❷ 読み方クイズ

★声に出して一回読んでから、□にあう読み方を書きましょう。

とく
徳島
↓
と□
徳島
↓
□□
徳島

❸ 漢字を書こう

★□に漢字を書きましょう。下の□には、上の文を書きましょう。

□（とく）島（しま）のすだち。

□

日にち ／

リマインド

★一週間後の日にちを書いてチャレンジしましょう。

徳　徳（たてに・はねる）

★この漢字をおぼえた言葉を書きましょう。

日にち　／

名前

言葉や絵でおぼえよう

栃

★次の言葉を言いながら、上の漢字をなぞりましょう。

木、ノ、はらい、万

★あなたが漢字をおぼえやすい言葉を考えて書きましょう。（上と同じでもよい。）

栃木のいちご。

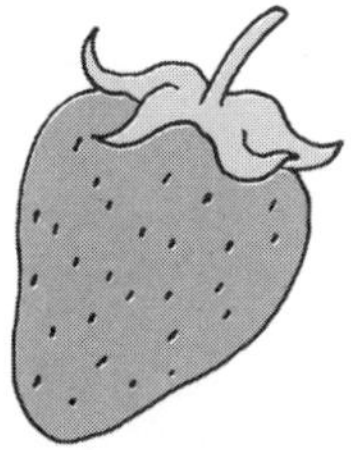

★上の絵を見ながら、左に漢字を書きましょう。

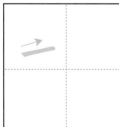

❶ 漢字付けたし完成クイズ

★四つのますの漢字を
▼なぞって、
▼つけたして、
それぞれのますをかんせいさせましょう。

❷ 読み方クイズ

★声に出して一回読んでから、□にあう読み方を書きましょう。

とちぎ
栃木
↓
と□ぎ
栃木
↓
□□ぎ
栃木

❸ 漢字を書こう

★□に漢字を書きましょう。下の□には、上の文を書きましょう。

□木のいちご。

リマインド

日にち　／

★一週間後の日にちを書いてチャレンジしましょう。

栃

★この漢字をおぼえた言葉を書きましょう。

日にち　／

名前

言葉や絵でおぼえよう

奈

★次の言葉を言いながら、上の漢字をなぞりましょう。

大、二、小

★あなたが漢字をおぼえやすい言葉を考えて書きましょう。（上と同じでもよい。）

神奈川（かながわ）の魚。

★上の絵を見ながら、左に漢字を書きましょう。

❶ 漢字付けたし完成クイズ

★四つのますの漢字を
▼なぞって、
▼つけたして、
それぞれのますを
かんせい
させましょう。

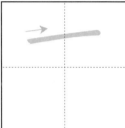

奈　大
夲　ナ

❷ 読み方クイズ

★声に出して一回読んでから、□にあう読み方を書きましょう。

神奈川（かながわ）
↓
神奈川（か□がわ）
↓
神奈川（か□がわ）

❸ 漢字を書こう

★□に漢字を書きましょう。下の□には、上の文を書きましょう。

神（か）□（な）川（がわ）の魚。

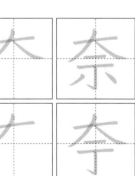

リマインド

★一週間後の日にちを書いてチャレンジしましょう。

日にち　／

奈　はねる

★この漢字をおぼえた言葉を書きましょう。

日にち ／

言葉や絵でおぼえよう

梨

★次の言葉を言いながら、上の漢字をなぞりましょう。

ノに木、たて、たてはね、木

★あなたが漢字をおぼえやすい言葉を考えて書きましょう。（上と同じでもよい。）

名前

山梨（やまなし）のぶどう。

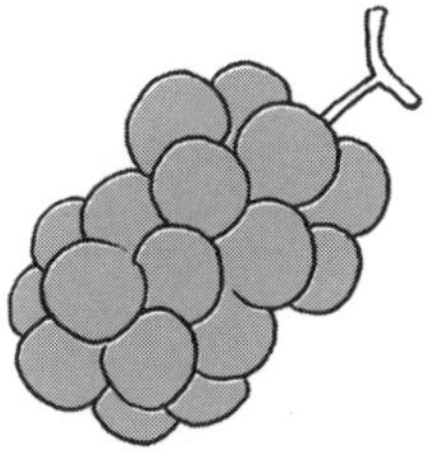

★上の絵を見ながら、左に漢字を書きましょう。

❶ 漢字付けたし完成クイズ

★四つのますの漢字を
▼なぞって、
▼つけたして、
それぞれのますをかんせいさせましょう。

❷ 読み方クイズ

★声に出して一回読んでから、□にあう読み方を書きましょう。

山梨（なし）
↓
山梨（な□）
↓
山梨（□□）

❸ 漢字を書こう

★□に漢字を書きましょう。下の□には、上の文を書きましょう。

山（やま）□（なし）のぶどう。

リマインド

日にち ／

★一週間後の日にちを書いてチャレンジしましょう。

梨

★この漢字をおぼえた言葉を書きましょう。

日にち　／

名前

言葉や絵でおぼえよう

★次の言葉を言いながら、上の漢字をなぞりましょう。

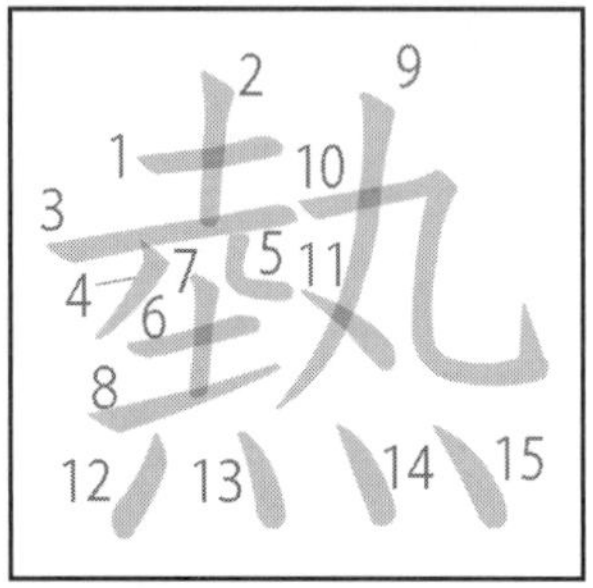

土、ノ、レ、土、丸、
てん四つ

★あなたが漢字をおぼえやすい言葉を考えて書きましょう。（上と同じでもよい。）

★上の絵を見ながら、左に漢字を書きましょう。

熱（あつ）いふろ。

❶ 漢字付けたし完成クイズ

★四つのますの漢字を
▼なぞって、
▼つけたして、
それぞれのますを
かんせいさせましょう。

❷ 読み方クイズ

★声に出して一回読んでから、□にあう読み方を書きましょう。

熱（あつ）い
↓
熱（あ□）い
↓
熱（□□）い

❸ 漢字を書こう

★□に漢字を書きましょう。下の□には、上の文を書きましょう。

□（あつ）いふろ。

リマインド

日にち　／

★一週間後の日にちを書いてチャレンジしましょう。

熱　はねる　はらう

★この漢字をおぼえた言葉を書きましょう。

日にち　／

言葉や絵でおぼえよう

★次の言葉を言いながら、上の漢字をなぞりましょう。

念

今に、心

★あなたが漢字をおぼえやすい言葉を考えて書きましょう。（上と同じでもよい。）

名前

念仏をとなえる。

★上の絵を見ながら、左に漢字を書きましょう。

❶ 漢字付けたし完成クイズ

★四つのますの漢字を▼なぞって、▼つけたして、それぞれのますをかんせいさせましょう。

今　念　へ　念

❷ 読み方クイズ

★声に出して一回読んでから、□にあう読み方を書きましょう。

念仏（ねん）→ 念仏（ね□）→ 念仏（□□）

❸ 漢字を書こう

★□に漢字を書きましょう。下の□には、上の文を書きましょう。

□（ねん）仏をとなえる。

リマインド

★一週間後の日にちを書いてチャレンジしましょう。

日にち　／

念　横に　はねる

★この漢字をおぼえた言葉を書きましょう。

日にち　／

名前

言葉や絵でおぼえよう

敗

1 2 3 4 5 6 7 8 9 10 11

★次の言葉を言いながら、上の漢字をなぞりましょう。

貝、ノ、よこ、左はらい、右はらい

敗北（はいぼく）が決まる。

★上の絵を見ながら、左に漢字を書きましょう。

★あなたが漢字をおぼえやすい言葉を考えて書きましょう。（上と同じでもよい。）

❶ 漢字（かんじ）付（つ）けたし完成（かんせい）クイズ

★四つのますの漢字（かんじ）を
▼なぞって、
▼つけたして、
それぞれのますをかんせいさせましょう。

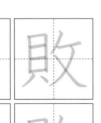

敗　貝　冂　貝⺊

❷ 読み方クイズ

★声に出して一回読んでから、□にあう読み方を書きましょう。

はいぼく
敗北
↓
□いぼく
敗北
↓
□□ぼく
敗北

❸ 漢字（かんじ）を書こう

★□に漢字（かんじ）を書きましょう。下の□には、上の文を書きましょう。

□（はい）北（ぼく）が決まる。

日にち　／

リマインド

★一週間後の日にちを書いてチャレンジしましょう。

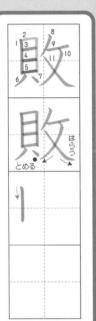

敗　1 2 3 4 5 6 7 8 9 10 11

敗　とめる　はらう

★この漢字（かんじ）をおぼえた言葉を書きましょう。

日にち ／

言葉や絵でおぼえよう

★次の言葉を言いながら、上の漢字をなぞりましょう。

梅

木に、毎

梅の花。

★上の絵を見ながら、左に漢字を書きましょう。

名前

★あなたが漢字をおぼえやすい言葉を考えて書きましょう。（上と同じでもよい。）

❶ 漢字付けたし完成クイズ

★四つのますの漢字を
▼なぞって、
▼つけたして、
それぞれのますをかんせいさせましょう。

梅　木　梅

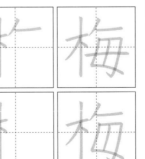

❷ 読み方クイズ

★声に出して一回読んでから、□にあう読み方を書きましょう。

梅　うめ
↓
梅　う□
↓
梅　□□

❸ 漢字を書こう

★□に漢字を書きましょう。下の□には、上の文を書きましょう。

□（うめ）の花。

リマインド

日にち ／

★一週間後の日にちを書いてチャレンジしましょう。

梅

梅　はねる　出さない

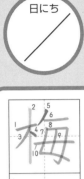

★この漢字をおぼえた言葉を書きましょう。

日にち ／

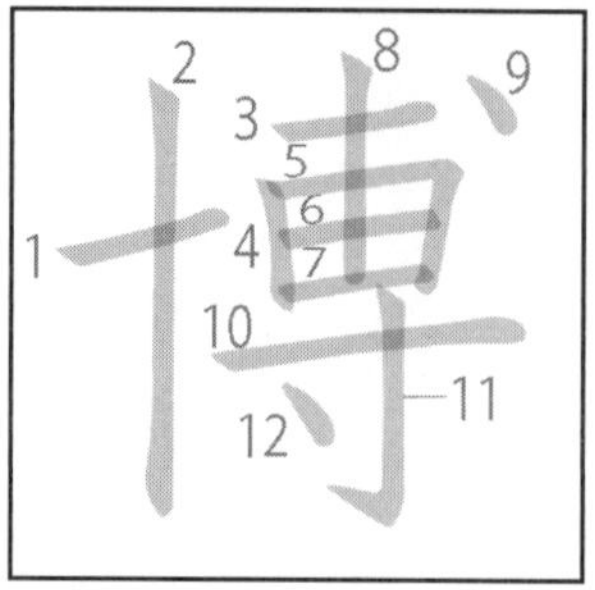

言葉や絵でおぼえよう

博

★次の言葉を言いながら、上の漢字をなぞりましょう。

十、よこ、たてぼうの
出た田、てん、よこ、
たてはね、てん

博学な人。

★上の絵を見ながら、左に漢字を書きましょう。

名前

★あなたが漢字をおぼえやすい言葉を考えて書きましょう。（上と同じでもよい。）

❶ 漢字付けたし完成クイズ

★四つのますの漢字を
▼なぞって、
▼つけたして、
それぞれのますを
かんせい
させましょう。

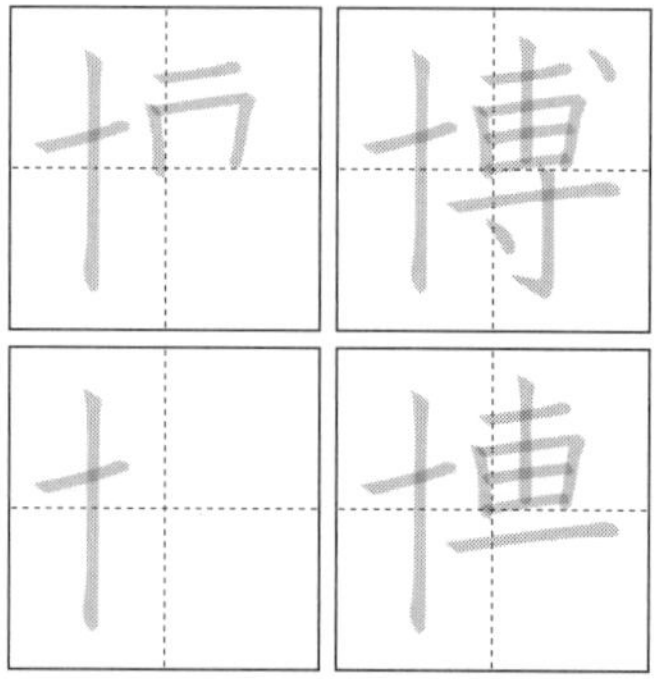

❷ 読み方クイズ

★声に出して一回読んでから、□にあう読み方を書きましょう。

はく
博学
↓
は□
博学
↓
□□
博学

❸ 漢字を書こう

★□に漢字を書きましょう。下の□には、上の文を書きましょう。

□（はく）学な人。

リマインド

日にち ／

★一週間後の日にちを書いてチャレンジしましょう。

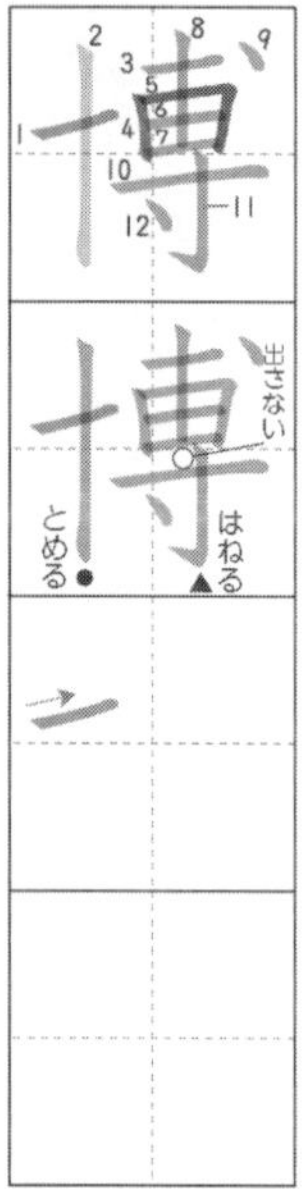

出さない　とめる　はねる

★この漢字をおぼえた言葉を書きましょう。

日にち　／

名前

言葉や絵でおぼえよう

阪

★次の言葉を言いながら、上の漢字をなぞりましょう。

こざと、よこ、はらい、
フ、右はらい

★あなたが漢字をおぼえやすい言葉を考えて書きましょう。（上と同じでもよい。）

大阪（おおさか）のたこやき。

★上の絵を見ながら、左に漢字を書きましょう。

❶ 漢字付けたし完成クイズ

★四つのますの漢字を
▼なぞって、
▼つけたして、
それぞれのますをかんせいさせましょう。

❷ 読み方クイズ

★声に出して一回読んでから、□にあう読み方を書きましょう。

大阪（さか）
↓
大阪（さ□）
↓
大阪（□□）

❸ 漢字を書こう

★□に漢字を書きましょう。下の□には、上の文を書きましょう。

大（おお）□（さか）のたこやき。

リマインド

日にち　／

★一週間後の日にちを書いてチャレンジしましょう。

阪

★この漢字をおぼえた言葉を書きましょう。

日にち　／

名前

言葉や絵でおぼえよう

飯

★次（つぎ）の言葉を言（い）いながら、上の漢字（かんじ）をなぞりましょう。

食に、反

★あなたが漢字（かんじ）をおぼえやすい言葉を考えて書きましょう。（上と同じでもよい。）

朝飯（あさめし）を食べる。

★上の絵を見ながら、左に漢字（かんじ）を書きましょう。

❶ 漢字付（かんじつ）けたし完成（かんせい）クイズ

★四つのますの漢字（かんじ）を
▼なぞって、
▼つけたして、
それぞれのますを
かんせい
させましょう。

❷ 読み方クイズ

★声に出して一回読んでから、□にあう読み方を書きましょう。

朝飯（めし）
↓
朝飯（め□）
↓
朝飯（□□）

❸ 漢字（かんじ）を書こう

★□に漢字（かんじ）を書きましょう。下の□には、上の文を書きましょう。

朝（あさ）□（めし）を食べる。

□

リマインド

日にち　／

★一週間後の日にちを書いてチャレンジしましょう。

飯　はらう

★この漢字（かんじ）をおぼえた言葉を書きましょう。

日にち　／

言葉や絵でおぼえよう

飛

★次の言葉を言いながら、上の漢字をなぞりましょう。

よこたてよこはね、てん二つ、たてぼう、ノ、たてはらい、よこたてよこはね、てん二つ

鳥が飛ぶ。

★上の絵を見ながら、左に漢字を書きましょう。

名前

★あなたが漢字をおぼえやすい言葉を考えて書きましょう。（上と同じでもよい。）

❶ 漢字付けたし完成クイズ

★四つのますの漢字を
▼なぞって、
▼つけたして、
それぞれのますをかんせいさせましょう。

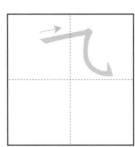

❷ 読み方クイズ

★声に出して一回読んでから、□にあう読み方を書きましょう。

と
飛ぶ
↓
飛□ぶ
↓
飛□ぶ

❸ 漢字を書こう

★□に漢字を書きましょう。下の□には、上の文を書きましょう。

鳥が□ぶ。

リマインド

日にち　／

★一週間後の日にちを書いてチャレンジしましょう。

飛　はねる　とめる　はらう

★この漢字をおぼえた言葉を書きましょう。

日にち

名前

言葉や絵でおぼえよう

必

★次の言葉を言いながら、上の漢字をなぞりましょう。

ソ、つりばり、
左右にてん

★あなたが漢字をおぼえやすい言葉を考えて書きましょう。（上と同じでもよい。）

必勝（ひっしょう）のいのり。

★上の絵を見ながら、左に漢字を書きましょう。

❶ 漢字付けたし完成クイズ

★四つのますの漢字を
▼なぞって、
▼つけたして、
それぞれのますを
かんせい
させましょう。

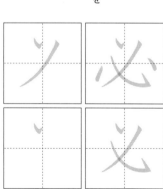

❷ 読み方クイズ

★声に出して一回読んでから、□にあう読み方を書きましょう。

ひっ
必勝
↓
ひ□
必勝
↓
□□
必勝

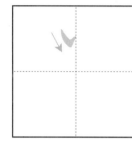

❸ 漢字を書こう

★□に漢字を書きましょう。下の□には、上の文を書きましょう。

ひっ
□勝（しょう）のいのり。

リマインド

日にち

★一週間後の日にちを書いてチャレンジしましょう。

はらう
はねる

★この漢字をおぼえた言葉を書きましょう。

日にち　／

名前

言葉や絵でおぼえよう

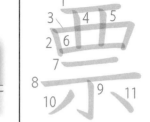

票

★次（つぎ）の言葉を言（い）いながら、上の漢字（かんじ）をなぞりましょう。

西、二、小
＊西ではない

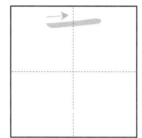

★あなたが漢字（かんじ）をおぼえやすい言葉を考えて書きましょう。（上と同じでもよい。）

開票（かいひょう）をする。

★上の絵を見ながら、左に漢字（かんじ）を書きましょう。

❶ 漢字付（かんじつ）けたし完成（かんせい）クイズ

★四つのますの漢字（かんじ）を
▼なぞって、
▼つけたして、
それぞれのますを
かんせい
させましょう。

❷ 読み方クイズ

★声に出して一回読んでから、□にあう読み方を書きましょう。

開票（ひょう）
↓
開票（ひ□□）
↓
開票（□□□）

❸ 漢字（かんじ）を書こう

★□に漢字（かんじ）を書きましょう。下の□には、上の文を書きましょう。

開（かい）□（ひょう）をする。

リマインド

日にち　／

★一週間後の日にちを書いてチャレンジしましょう。

票
長く　とめる　はねる

★この漢字（かんじ）をおぼえた言葉を書きましょう。

日にち　／

言葉や絵でおぼえよう

★次（つぎ）の言葉を言（い）いながら、上の漢字（かんじ）をなぞりましょう。

標

木、西、二、小
＊西ではない

道路標（ひょう）しき

★上の絵を見ながら、左に漢字（かんじ）を書きましょう。

名前

★あなたが漢字（かんじ）をおぼえやすい言葉を考えて書きましょう。（上と同じでもよい。）

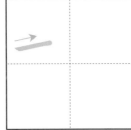

❶ 漢字（かんじ）付（つ）けたし完成（かんせい）クイズ

★四つのますの漢字（かんじ）を
▼なぞって、
▼つけたして、
それぞれのますを
かんせい
させましょう。

❷ 読み方クイズ

★声に出して一回読んでから、□にあう読み方を書きましょう。

ひょう
標しき
↓
ひ□□
標しき
↓
□□□
標しき

❸ 漢字（かんじ）を書こう

★□に漢字（かんじ）を書きましょう。下の□には、上の文を書きましょう。

道路□（ひょう）しき

リマインド

日にち　／

★一週間後の日にちを書いてチャレンジしましょう。

標　長く　とめる　はねる

★この漢字（かんじ）をおぼえた言葉を書きましょう。

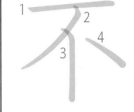

日にち　／

名前

言葉や絵でおぼえよう

★次(つぎ)の言葉を言(い)いながら、上の漢字(かんじ)をなぞりましょう。

不

よこ、ノ、たて、てん

★あなたが漢字(かんじ)をおぼえやすい言葉を考えて書きましょう。（上と同じでもよい。）

通行が不自由(ふじゆう)。

★上の絵を見ながら、左に漢字(かんじ)を書きましょう。

❶ 漢字付(かんじつ)けたし完成(かんせい)クイズ

★四つのますの漢字(かんじ)を
▼なぞって、
▼つけたして、
それぞれのますを
かんせい
させましょう。

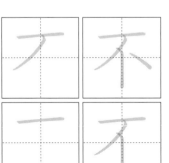

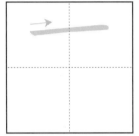

❷ 読み方クイズ

★声に出して一回読んでから、□にあう読み方を書きましょう。

ふ
不自由
↓
不自由 □
↓
不自由 □

❸ 漢字(かんじ)を書こう

★□に漢字(かんじ)を書きましょう。下の□には、上の文を書きましょう。

通行が□(ふ)自由(じゆう)。

リマインド

★一週間後の日にちを書いてチャレンジしましょう。

日にち　／

不　はらう　とめる

★この漢字(かんじ)をおぼえた言葉を書きましょう。

日にち　／

言葉や絵でおぼえよう

★次の言葉を言いながら、上の漢字をなぞりましょう。

二、人

夫

★上の絵を見ながら、左に漢字を書きましょう。

夫（おっと）の話。

名前

★あなたが漢字をおぼえやすい言葉を考えて書きましょう。（上と同じでもよい。）

❶ 漢字付けたし完成クイズ

★四つのますの漢字を
▼なぞって、
▼つけたして、
それぞれのますをかんせいさせましょう。

一　二　ナ　夫

❷ 読み方クイズ

★声に出して一回読んでから、□にあう読み方を書きましょう。

おっと
夫
↓
お
夫□□
↓
夫□□□

❸ 漢字を書こう

★□に漢字を書きましょう。下の□には、上の文を書きましょう。

おっと
□の話。

リマインド

日にち　／

★一週間後の日にちを書いてチャレンジしましょう。

夫　夫（長く／はらう）　一

★この漢字をおぼえた言葉を書きましょう。

日にち　／

言葉や絵でおぼえよう

付

★次の言葉を言いながら、上の漢字をなぞりましょう。

にんべん、よこ、たてはね、てん

★あなたが漢字をおぼえやすい言葉を考えて書きましょう。（上と同じでもよい。）

名前

本の付録（ふろく）。

★上の絵を見ながら、左に漢字を書きましょう。

❶ 漢字付けたし完成クイズ

★四つのますの漢字を
▼なぞって、
▼つけたして、
それぞれのますをかんせいさせましょう。

❷ 読み方クイズ

★声に出して一回読んでから、□にあう読み方を書きましょう。

付録（ふろく）
↓
付録（□ろく）
↓
付録（□ろく）

❸ 漢字を書こう

★□に漢字を書きましょう。下の□には、上の文を書きましょう。

本の□（ふ）録（ろく）。

リマインド

日にち　／

★一週間後の日にちを書いてチャレンジしましょう。

付　付（はねる）

★この漢字をおぼえた言葉を書きましょう。

日にち

府

1 2 3 4 5 6 7 8

言葉や絵でおぼえよう

★次の言葉を言いながら、上の漢字をなぞりましょう。

まだれ、イ、よこ、たてはね、てん

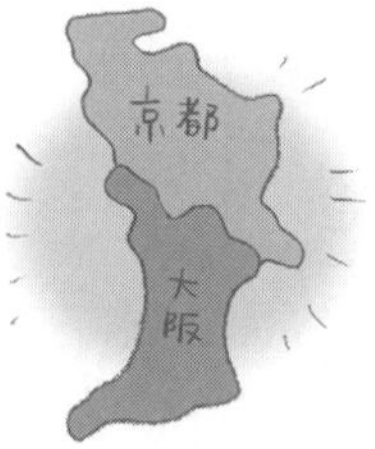

京都府（きょうとふ）と大阪府（おおさかふ）

★上の絵を見ながら、左に漢字を書きましょう。

名前

★あなたが漢字をおぼえやすい言葉を考えて書きましょう。（上と同じでもよい。）

❶ 漢字付けたし完成クイズ

★四つのますの漢字を
▼なぞって、
▼つけたして、
それぞれのますをかんせいさせましょう。

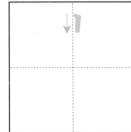

府　广　庁　十

❷ 読み方クイズ

★声に出して一回読んでから、□にあう読み方を書きましょう。

京都府（きょうとふ）
↓
京都府（きょうと□）
↓
京都府（きょうと□）

❸ 漢字を書こう

★□に漢字を書きましょう。下の□には、上の文を書きましょう。

京都（きょうと）□（ふ）と大阪（おおさか）□（ふ）

□

リマインド

日にち

★一週間後の日にちを書いてチャレンジしましょう。

府　はらう　はねる

★この漢字をおぼえた言葉を書きましょう。

日にち　／

言葉や絵でおぼえよう

阜

★次の言葉を言いながら、上の漢字をなぞりましょう。

ノ、たて、コ、コ、十

名前

★あなたが漢字をおぼえやすい言葉を考えて書きましょう。（上と同じでもよい。）

岐阜(ぎふ)の城(しろ)

★上の絵を見ながら、左に漢字を書きましょう。

❶ 漢字付けたし完成クイズ

★四つのますの漢字を
▼なぞって、
▼つけたして、
それぞれのますをかんせいさせましょう。

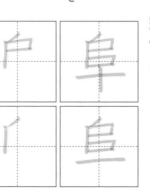

❷ 読み方クイズ

★声に出して一回読んでから、□にあう読み方を書きましょう。

岐阜(ぎふ)
↓
岐阜(ぎ□)
↓
岐阜(ぎ□)

❸ 漢字を書こう

★□に漢字を書きましょう。下の□には、上の文を書きましょう。

岐(ぎ)□(ふ)の城(しろ)

リマインド

★一週間後の日にちを書いてチャレンジしましょう。

日にち　／

★この漢字をおぼえた言葉を書きましょう。

日にち　／

言葉や絵でおぼえよう

★次の言葉を言いながら、上の漢字をなぞりましょう。

富

ウ、よこ、ロ、田

富山の花。

★上の絵を見ながら、左に漢字を書きましょう。

名前

★あなたが漢字をおぼえやすい言葉を考えて書きましょう。（上と同じでもよい。）

❶ 漢字付けたし完成クイズ

★四つのますの漢字を
▼なぞって、
▼つけたして、
それぞれのますをかんせいさせましょう。

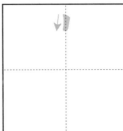

❷ 読み方クイズ

★声に出して一回読んでから、□にあう読み方を書きましょう。

富山　と
↓
富山　□
↓
富山　□

❸ 漢字を書こう

★□に漢字を書きましょう。下の□には、上の文を書きましょう。

□と山の花。

日にち　／

リマインド

★一週間後の日にちを書いてチャレンジしましょう。

富　とめる

★この漢字をおぼえた言葉を書きましょう。

日にち

言葉や絵でおぼえよう

★次の言葉を言いながら、上の漢字をなぞりましょう。

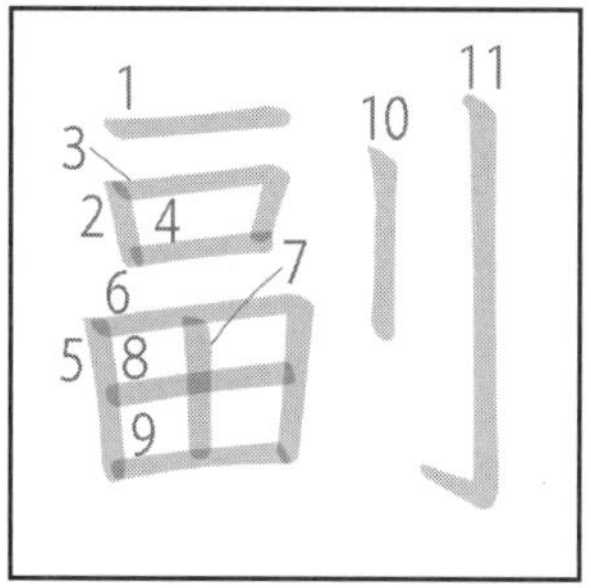

よこ、口、田、たて、たて、たてはね

名前

★あなたが漢字をおぼえやすい言葉を考えて書きましょう。（上と同じでもよい。）

❶ 漢字付けたし完成クイズ

★四つのますの漢字を
▼なぞって、
▼つけたして、
それぞれのますを
かんせいさせましょう。

副食（ふくしょく）もだいじ。

★上の絵を見ながら、左に漢字を書きましょう。

❷ 読み方クイズ

★声に出して一回読んでから、□にあう読み方を書きましょう。

副食（ふく）

↓

副食（ふ□）

↓

副食（□□）

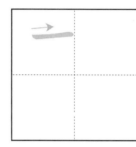

❸ 漢字を書こう

★□に漢字を書きましょう。下の□には、上の文を書きましょう。

□（ふく）食（しょく）もだいじ。

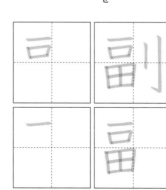

リマインド

★一週間後の日にちを書いてチャレンジしましょう。

日にち

はねる　とめる

★この漢字をおぼえた言葉を書きましょう。

日にち　／

名前

言葉や絵でおぼえよう

兵

1 2 3 4 5 6 7

★次の言葉を言いながら、上の漢字をなぞりましょう。

ノ、たて、よこ、たて、よこ、ハ

★あなたが漢字をおぼえやすい言葉を考えて書きましょう。（上と同じでもよい。）

わかい兵隊（へいたい）。

★上の絵を見ながら、左に漢字を書きましょう。

❶ 漢字付けたし完成クイズ

★四つのますの漢字を
▼なぞって、
▼つけたして、
それぞれのますをかんせいさせましょう。

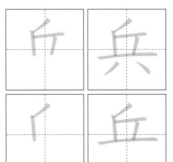

❷ 読み方クイズ

★声に出して一回読んでから、□にあう読み方を書きましょう。

へいたい 兵隊 → へ□たい 兵隊 → □□たい 兵隊

❸ 漢字を書こう

★□に漢字を書きましょう。下の□には、上の文を書きましょう。

わかい □（へい）隊（たい）。

リマインド

日にち　／

★一週間後の日にちを書いてチャレンジしましょう。

兵 1 2 3 4 5 6 7

はらう　長く　とめる

★この漢字をおぼえた言葉を書きましょう。

日にち　／

言葉や絵でおぼえよう

★次の言葉を言いながら、上の漢字をなぞりましょう。

別

口、かくはね、ノ、たて、たてはね

★上の絵を見ながら、左に漢字を書きましょう。

別（わか）れをつげる。

名前

★あなたが漢字をおぼえやすい言葉を考えて書きましょう。（上と同じでもよい。）

❶ 漢字付けたし完成クイズ

★四つのますの漢字を
▼なぞって、
▼つけたして、
それぞれのますをかんせいさせましょう。

❷ 読み方クイズ

★声に出して一回読んでから、□にあう読み方を書きましょう。

わか
別れ
↓
わ□
別れ
↓
□□
別れ

❸ 漢字を書こう

★□に漢字を書きましょう。下の□には、上の文を書きましょう。

わか
□れをつげる。

日にち　／

リマインド

★一週間後の日にちを書いてチャレンジしましょう。

別　はねる　とめる　はねる

★この漢字をおぼえた言葉を書きましょう。

日にち　／

名前

言葉や絵でおぼえよう

★次の言葉を言いながら、上の漢字をなぞりましょう。

辺（1 2 3 4 5）

刀に、しんにょう

★上の絵を見ながら、左に漢字を書きましょう。

周辺（しゅうへん）のながめ。

★あなたが漢字をおぼえやすい言葉を考えて書きましょう。（上と同じでもよい。）

❶ 漢字付けたし完成クイズ

★四つのますの漢字を
▼なぞって、
▼つけたして、
それぞれのますをかんせいさせましょう。

❷ 読み方クイズ

★声に出して一回読んでから、□にあう読み方を書きましょう。

しゅうへん　周辺

↓

しゅうへ□　周辺

↓

しゅう□□　周辺

❸ 漢字を書こう

★□に漢字を書きましょう。下の□には、上の文を書きましょう。

周（しゅう）□（へん）のながめ。

リマインド

日にち　／

★一週間後の日にちを書いてチャレンジしましょう。

辺（1 2 3 4 5）　はねる　はらう

★この漢字をおぼえた言葉を書きましょう。

日にち　／

言葉や絵でおぼえよう

変

1 2 3 4 5 6 7 8 9

★次の言葉を言いながら、上の漢字をなぞりましょう。

てん、よこ、たてはらい、たてはね、ノ、てん、ク、右はらい

変身（へんしん）する。

★上の絵を見ながら、左に漢字を書きましょう。

名前

★あなたが漢字をおぼえやすい言葉を考えて書きましょう。（上と同じでもよい。）

❶ 漢字付けたしクイズ

★四つのますの漢字を
▼なぞって、
▼つけたして、
それぞれのますをかんせいさせましょう。

亦　変　亣　㝐

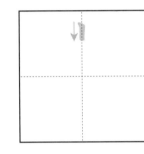

❷ 読み方クイズ

★声に出して一回読んでから、□にあう読み方を書きましょう。

変身（へん）
↓
変身（へ□）
↓
変身（□□）

❸ 漢字を書こう

★□に漢字を書きましょう。下の□には、上の文を書きましょう。

□（へん）身（しん）する。

リマインド

日にち　／

★一週間後の日にちを書いてチャレンジしましょう。

変　とめる　はねる　はらう

★この漢字をおぼえた言葉を書きましょう。

日にち　／

言葉や絵でおぼえよう

便（1〜9の書き順つき）

★次の言葉を言いながら、上の漢字をなぞりましょう。

にんべん、よこ、日、たてはらい、右はらい

★上の絵を見ながら、左に漢字を書きましょう。

ゆう便(びん)がとどく。

名前

★あなたが漢字をおぼえやすい言葉を考えて書きましょう。（上と同じでもよい。）

❶ 漢字付けたし完成クイズ

★四つのますの漢字を
▼なぞって、
▼つけたして、
それぞれのますをかんせいさせましょう。

便　伊　何　亻

❷ 読み方クイズ

★声に出して一回読んでから、□にあう読み方を書きましょう。

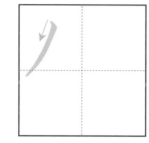

ゆう便（びん）
↓
ゆう便（び□）
↓
ゆう便（□□）

❸ 漢字を書こう

★□に漢字を書きましょう。下の□には、上の文を書きましょう。

ゆう□（びん）がとどく。

□

日にち　／

リマインド

★一週間後の日にちを書いてチャレンジしましょう。

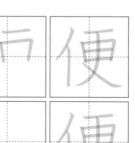

便（出さない／はらう）

★この漢字をおぼえた言葉を書きましょう。

日にち　／

言葉や絵でおぼえよう

包

★次の言葉を言いながら、上の漢字をなぞりましょう。

ノ、かくはね、コ、たてよこはね

紙に包(つつ)む。

★上の絵を見ながら、左に漢字を書きましょう。

名前

★あなたが漢字をおぼえやすい言葉を考えて書きましょう。（上と同じでもよい。）

❶ 漢字付けたし完成クイズ

★四つのますの漢字を
▼なぞって、
▼つけたして、
それぞれのますをかんせいさせましょう。

❷ 読み方クイズ

★声に出して一回読んでから、□にあう読み方を書きましょう。

包む（つつ）

↓

包む（□）

↓

包む（□□）

❸ 漢字を書こう

★□に漢字を書きましょう。下の□には、上の文を書きましょう。

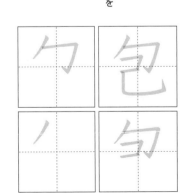

紙に□(つつ)む。

リマインド

日にち　／

★一週間後の日にちを書いてチャレンジしましょう。

包（はらう、はねる）

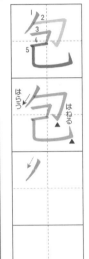

★この漢字をおぼえた言葉を書きましょう。

日にち　／

言葉や絵でおぼえよう

法

★次の言葉を言いながら、上の漢字をなぞりましょう。

さんずいに、去

★上の絵を見ながら、左に漢字を書きましょう。

法（ほう）にしたがう。

名前

★あなたが漢字をおぼえやすい言葉を考えて書きましょう。（上と同じでもよい。）

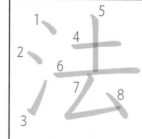

❶ 漢字付けたし完成クイズ

★四つのますの漢字を
▼なぞって、
▼つけたして、
それぞれのますをかんせいさせましょう。

❷ 読み方クイズ

★声に出して一回読んでから、□にあう読み方を書きましょう。

法　ほう
↓
法　ほ□
↓
法　□□

❸ 漢字を書こう

★□に漢字を書きましょう。下の□には、上の文を書きましょう。

□（ほう）にしたがう。

リマインド

★一週間後の日にちを書いてチャレンジしましょう。

法　長く　とめる

★この漢字をおぼえた言葉を書きましょう。

日にち　／

日にち ／

名前

言葉や絵でおぼえよう

★次の言葉を言いながら、上の漢字をなぞりましょう。

望

1 2 3 4 5 6 7 8 9 10 11

てん、よこ、したかく、
月、王

★あなたが漢字をおぼえやすい言葉を考えて書きましょう。（上と同じでもよい。）

山から海を望(のぞ)む。

★上の絵を見ながら、左に漢字を書きましょう。

❶ 漢字付けたし完成クイズ

★四つのますの漢字を
▼なぞって、
▼つけたして、
それぞれのますを
かんせい
させましょう。

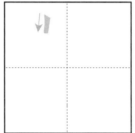

❷ 読み方クイズ

★声に出して一回読んでから、□にあう読み方を書きましょう。

のぞ
望む
↓
の□
望む
↓
□□
望む

❸ 漢字を書こう

★□に漢字を書きましょう。下の□には、上の文を書きましょう。

山から海を□(のぞ)む。

リマインド

日にち ／

★一週間後の日にちを書いてチャレンジしましょう。

望

とめる　はねる

★この漢字をおぼえた言葉を書きましょう。

日にち　／

名前

言葉や絵でおぼえよう

★次の言葉を言いながら、上の漢字をなぞりましょう。

牧

牛、ノ、よこ、ノ、右はらい

広い牧場。

★上の絵を見ながら、左に漢字を書きましょう。

★あなたが漢字をおぼえやすい言葉を考えて書きましょう。（上と同じでもよい。）

❶ 漢字付けたし完成クイズ

★四つのますの漢字をなぞって、つけたして、それぞれのますをかんせいさせましょう。

牧　牛　牜　𠂉

❷ 読み方クイズ

★声に出して一回読んでから、□にあう読み方を書きましょう。

ぼく 牧場

↓

ぼ□ 牧場

↓

□□ 牧場

❸ 漢字を書こう

★□に漢字を書きましょう。下の□には、上の文を書きましょう。

広い□（ぼく）場。

リマインド

日にち　／

★一週間後の日にちを書いてチャレンジしましょう。

牧　牧（とめる・はらう）

★この漢字をおぼえた言葉を書きましょう。

日にち ／

名前

言葉や絵でおぼえよう

★次の言葉を言いながら、上の漢字をなぞりましょう。

末

一、木

子の行く末（すえ）。

★上の絵を見ながら、左に漢字を書きましょう。

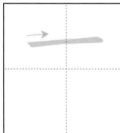

★あなたが漢字をおぼえやすい言葉を考えて書きましょう。（上と同じでもよい。）

❶ 漢字付けたし完成クイズ

★四つのますの漢字を
▼なぞって、
▼つけたして、
それぞれのますをかんせいさせましょう。

❷ 読み方クイズ

★声に出して一回読んでから、□にあう読み方を書きましょう。

行く末（すえ）
↓
行く末（す□）
↓
行く末（□□）

❸ 漢字を書こう

★□に漢字を書きましょう。下の□には、上の文を書きましょう。

子の行く□（すえ）。

リマインド

日にち ／

★一週間後の日にちを書いてチャレンジしましょう。

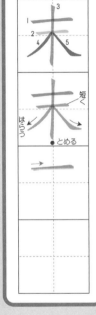

短く　はらう　とめる

★この漢字をおぼえた言葉を書きましょう。

日にち

名前

言葉や絵でおぼえよう

満

★次の言葉を言いながら、上の漢字をなぞりましょう。

さんずい、よこ、たて、たて、
たて、両

★あなたが漢字をおぼえやすい言葉を考えて書きましょう。（上と同じでもよい。）

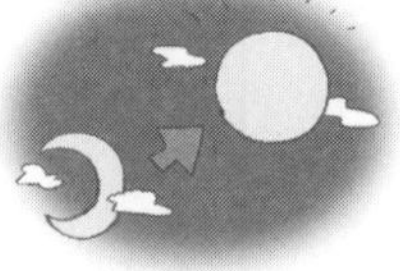

月が満（み）ちる。

★上の絵を見ながら、左に漢字を書きましょう。

❶ 漢字付けたし完成クイズ

★四つのますの漢字を
▼なぞって、
▼つけたして、
それぞれのますをかんせいさせましょう。

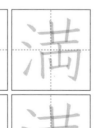

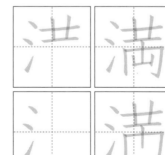

❷ 読み方クイズ

★声に出して一回読んでから、□にあう読み方を書きましょう。

満（み）ちる
↓
満□ちる
↓
満□ちる

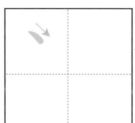

❸ 漢字を書こう

★□に漢字を書きましょう。下の□には、上の文を書きましょう。

月が□（み）ちる。

日にち

リマインド

★一週間後の日にちを書いてチャレンジしましょう。

満

とめる　はねる

★この漢字をおぼえた言葉を書きましょう。

日にち　／

言葉や絵でおぼえよう

未

★次の言葉を言いながら、上の漢字をなぞりましょう。

よこ、木

★あなたが漢字をおぼえやすい言葉を考えて書きましょう。（上と同じでもよい。）

名前

未来（みらい）の世界。

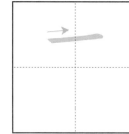

★上の絵を見ながら、左に漢字を書きましょう。

❶ 漢字付けたし完成クイズ

★四つのますの漢字を
▼なぞって、
▼つけたして、
それぞれのますをかんせいさせましょう。

❷ 読み方クイズ

★声に出して一回読んでから、□にあう読み方を書きましょう。

未来（み）
↓
未来□
↓
未来□

❸ 漢字を書こう

★□に漢字を書きましょう。下の□には、上の文を書きましょう。

□（み）来（らい）の世界。

リマインド

日にち　／

★一週間後の日にちを書いてチャレンジしましょう。

長く　はらう　はらう　とめる

★この漢字をおぼえた言葉を書きましょう。

日にち　／

言葉や絵でおぼえよう

民

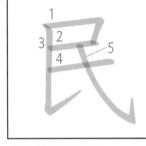

★次の言葉を言いながら、上の漢字をなぞりましょう。

コ、たて右はね、よこ、つりばり

みんぞく
民族衣しょう

★上の絵を見ながら、左に漢字を書きましょう。

名前

★あなたが漢字をおぼえやすい言葉を考えて書きましょう。（上と同じでもよい。）

❶ 漢字付けたし完成クイズ

★四つのますの漢字を
▼なぞって、
▼つけたして、
それぞれのますを
かんせい
させましょう。

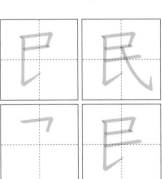

❷ 読み方クイズ

★声に出して一回読んでから、□にあう読み方を書きましょう。

みん
民族
↓
み□
民族
↓
□□
民族

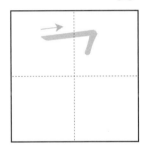

❸ 漢字を書こう

★□に漢字を書きましょう。下の□には、上の文を書きましょう。

みん　ぞく
□族衣しょう

リマインド

日にち　／

★一週間後の日にちを書いてチャレンジしましょう。

はねる
はらう

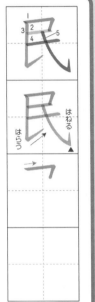

★この漢字をおぼえた言葉を書きましょう。

日にち　／

名前

言葉や絵でおぼえよう

★次（つぎ）の言葉を言（い）いながら、上の漢字（かんじ）をなぞりましょう。

ノ、よこ、一、たて四本、よこ、下にてん四つ

無（1〜12）

★あなたが漢字（かんじ）をおぼえやすい言葉を考えて書きましょう。（上と同じでもよい。）

★上の絵を見ながら、左に漢字（かんじ）を書きましょう。

もう無（な）い。

❶ 漢字付（かんじつ）けたし完成（かんせい）クイズ

★四つのますの漢字（かんじ）を
▼なぞって、
▼つけたして、
それぞれのますをかんせいさせましょう。

❷ 読み方クイズ

★声に出して一回読んでから、□にあう読み方を書きましょう。

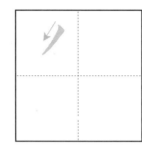

無（な）い → 無□い → 無□い

❸ 漢字（かんじ）を書こう

★□に漢字（かんじ）を書きましょう。下の□には、上の文を書きましょう。

もう□（な）い。

リマインド

日にち　／

★一週間後の日にちを書いてチャレンジしましょう。

はらう

★この漢字（かんじ）をおぼえた言葉を書きましょう。

日にち

名前

言葉や絵でおぼえよう

★次の言葉を言いながら、上の漢字をなぞりましょう。

約

糸、ノ、かくはね、てん

約束（やくそく）をする。

★上の絵を見ながら、左に漢字を書きましょう。

★あなたが漢字をおぼえやすい言葉を考えて書きましょう。（上と同じでもよい。）

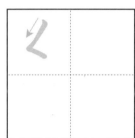

❶ 漢字付けたし完成クイズ

★四つのますの漢字を
▼なぞって、
▼つけたして、
それぞれのますをかんせいさせましょう。

糸　約
幺　約

❷ 読み方クイズ

★声に出して一回読んでから、□にあう読み方を書きましょう。

やくそく
約束
↓
や□そく
約束
↓
□□そく
約束

❸ 漢字を書こう

★□に漢字を書きましょう。下の□には、上の文を書きましょう。

（やく）□束（そく）をする。

日にち

リマインド

★一週間後の日にちを書いてチャレンジしましょう。

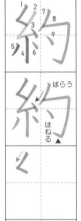

約　はらう　はねる

★この漢字をおぼえた言葉を書きましょう。

日にち　／

言葉や絵でおぼえよう

★次の言葉を言いながら、上の漢字をなぞりましょう。

マ、田、力

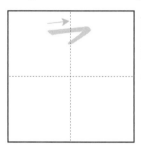

★上の絵を見ながら、左に漢字を書きましょう。

勇（いさ）ましい人。

名前

★あなたが漢字をおぼえやすい言葉を考えて書きましょう。（上と同じでもよい。）

❶ 漢字付けたし完成クイズ

★四つのますの漢字を
▼なぞって、
▼つけたして、
それぞれのますをかんせいさせましょう。

❷ 読み方クイズ

★声に出して一回読んでから、□にあう読み方を書きましょう。

勇（いさ）ましい
↓
勇（い□）ましい
↓
勇（□□）ましい

❸ 漢字を書こう

★□に漢字を書きましょう。下の□には、上の文を書きましょう。

□（いさ）ましい人。

リマインド

日にち　／

★一週間後の日にちを書いてチャレンジしましょう。

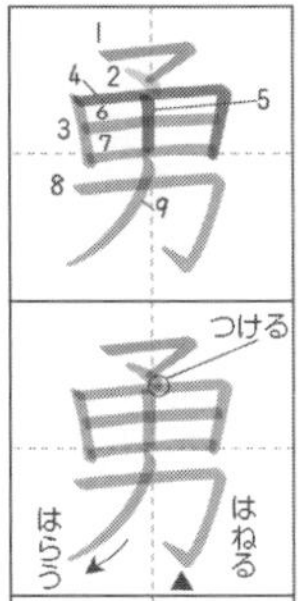

★この漢字をおぼえた言葉を書きましょう。

日にち　／

要

言葉や絵でおぼえよう

★次（つぎ）の言葉を言（い）いながら、上の漢字（かんじ）をなぞりましょう。

西に、女
＊西ではない

要点（ようてん）をおさえる。

★上の絵を見ながら、左に漢字（かんじ）を書きましょう。

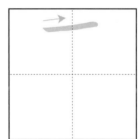

名前

★あなたが漢字（かんじ）をおぼえやすい言葉を考えて書きましょう。（上と同じでもよい。）

❶ 漢字付（かんじつ）けたし完成（かんせい）クイズ

★四つのますの漢字（かんじ）を
▼なぞって、
▼つけたして、
それぞれのますをかんせいさせましょう。

❷ 読み方クイズ

★声に出して一回読んでから、□にあう読み方を書きましょう。

要点（よう）
↓
要点（よ□）
↓
要点（□□）

❸ 漢字（かんじ）を書こう

★□に漢字（かんじ）を書きましょう。下の□には、上の文を書きましょう。

□（よう）点（てん）をおさえる。

リマインド

日にち　／

★一週間後の日にちを書いてチャレンジしましょう。

要　はらう　とめる

★この漢字（かんじ）をおぼえた言葉を書きましょう。

日にち　／

名前

言葉や絵でおぼえよう

★次の言葉を言いながら、上の漢字をなぞりましょう。

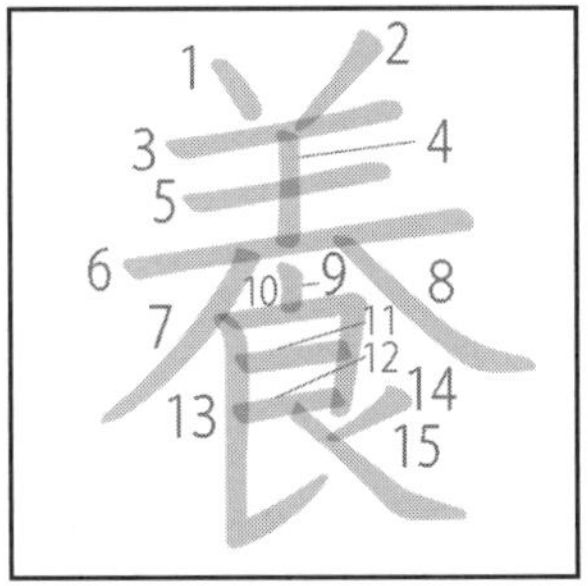

ソ、王、八、たて、たて、ヨ、たて右はね、ノ、右はらい

★あなたが漢字をおぼえやすい言葉を考えて書きましょう。（上と同じでもよい。）

栄養（えいよう）をとる。

★上の絵を見ながら、左に漢字を書きましょう。

❶ 漢字付けたし完成クイズ

★四つのますの漢字を
▼なぞって、
▼つけたして、
それぞれのますをかんせいさせましょう。

❷ 読み方クイズ

★声に出して一回読んでから、□にあう読み方を書きましょう。

栄養（えいよう）
↓
栄養（えいよ□）
↓
栄養（えい□□）

❸ 漢字を書こう

★□に漢字を書きましょう。下の□には、上の文を書きましょう。

栄（えい）□（よう）をとる。

リマインド

日にち　／

★一週間後の日にちを書いてチャレンジしましょう。

はらう　はらう

★この漢字をおぼえた言葉を書きましょう。

日にち　／

名前

言葉や絵でおぼえよう

★次の言葉を言いながら、上の漢字をなぞりましょう。

浴

さんずいに、谷

水を浴(あ)びる。

★上の絵を見ながら、左に漢字を書きましょう。

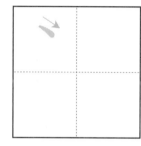

★あなたが漢字をおぼえやすい言葉を考えて書きましょう。（上と同じでもよい。）

❶ 漢字付けたし完成クイズ

★四つのますの漢字を
▼なぞって、
▼つけたして、
それぞれのますをかんせいさせましょう。

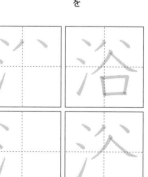

日にち　／

リマインド

★一週間後の日にちを書いてチャレンジしましょう。

とめる　はらう　はらう

★この漢字をおぼえた言葉を書きましょう。

❷ 読み方クイズ

★声に出して一回読んでから、□にあう読み方を書きましょう。

あ
浴びる
↓
□浴びる
↓
□浴びる

❸ 漢字を書こう

★□に漢字を書きましょう。下の□には、上の文を書きましょう。

水を□(あ)びる。

日にち　／

名前

言葉や絵でおぼえよう

★次（つぎ）の言葉を言（い）いながら、上の漢字（かんじ）をなぞりましょう。

のぎへん、たて、
たてはね

★あなたが漢字（かんじ）をおぼえやすい言葉を考えて書きましょう。（上と同じでもよい。）

便利（べんり）になる。

★上の絵を見ながら、左に漢字（かんじ）を書きましょう。

❶ 漢字（かんじ）付（つ）けたし完成（かんせい）クイズ

★四つのますの漢字（かんじ）を
▼なぞって、
▼つけたして、
それぞれのますを
かんせい
させましょう。

❷ 読み方クイズ

★声に出して一回読んでから、□にあう読み方を書きましょう。

便利（べんり）

↓

便（べん）利□

↓

便（べん）利□

❸ 漢字（かんじ）を書こう

★□に漢字（かんじ）を書きましょう。下の□には、上の文を書きましょう。

便（べん）□（り）になる。

リマインド

日にち　／

★一週間後の日にちを書いてチャレンジしましょう。

はらう　とめる　はねる

★この漢字（かんじ）をおぼえた言葉を書きましょう。

日にち　／

陸

言葉や絵でおぼえよう

★次の言葉を言いながら、上の漢字をなぞりましょう。

こざとへん、土、ノ、
下かく、土

陸地と海。

★上の絵を見ながら、左に漢字を書きましょう。

名前

★あなたが漢字をおぼえやすい言葉を考えて書きましょう。（上と同じでもよい。）

❶ 漢字付けたし完成クイズ

★四つのますの漢字を
▼なぞって、
▼つけたして、
それぞれのますを
かんせい
させましょう。

❷ 読み方クイズ

★声に出して一回読んでから、□にあう読み方を書きましょう。

陸地（りく）
↓
陸地（り□）
↓
陸地（□□）

❸ 漢字を書こう

★□に漢字を書きましょう。下の□には、上の文を書きましょう。

□（りく）地と海。

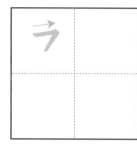

リマインド

日にち　／

★一週間後の日にちを書いてチャレンジしましょう。

陸（とめる　長く　はねる）

★この漢字をおぼえた言葉を書きましょう。

日にち ／

言葉や絵でおぼえよう

★次の言葉を言いながら、上の漢字をなぞりましょう。

良

たて、ヨ、たて、たて右はね、
ノ、右はらい

★上の絵を見ながら、左に漢字を書きましょう。

良いでき（よ）

名前

★あなたが漢字をおぼえやすい言葉を考えて書きましょう。（上と同じでもよい。）

❶ 漢字付けたし完成クイズ

★四つのますの漢字を
▼なぞって、
▼つけたして、
それぞれのますをかんせいさせましょう。

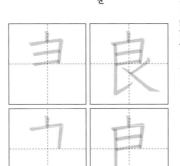

❷ 読み方クイズ

★声に出して一回読んでから、□にあう読み方を書きましょう。

良い（よ）
↓
良□い
↓
良□い

❸ 漢字を書こう

★□に漢字を書きましょう。下の□には、上の文を書きましょう。

□（よ）いでき

リマインド

日にち ／

★一週間後の日にちを書いてチャレンジしましょう。

良　良　はらう

★この漢字をおぼえた言葉を書きましょう。

日にち　／

名前

言葉や絵でおぼえよう

★次の言葉を言いながら、上の漢字をなぞりましょう。

米、てん二つ、十

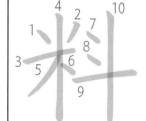

★あなたが漢字をおぼえやすい言葉を考えて書きましょう。（上と同じでもよい。）

料理（りょうり）をする。

★上の絵を見ながら、左に漢字を書きましょう。

❶ 漢字付けたし完成クイズ

★四つのますの漢字を
▼なぞって、
▼つけたして、
それぞれのますをかんせいさせましょう。

❷ 読み方クイズ

★声に出して一回読んでから、□にあう読み方を書きましょう。

料理（りょう り）
↓
り
料理 □□
↓
料理 □□□

❸ 漢字を書こう

★□に漢字を書きましょう。下の□には、上の文を書きましょう。

りょう
□理（り）をする。

リマインド

★一週間後の日にちを書いてチャレンジしましょう。

日にち　／

とめる
とめる

★この漢字をおぼえた言葉を書きましょう。

日にち　／

名前

言葉や絵でおぼえよう

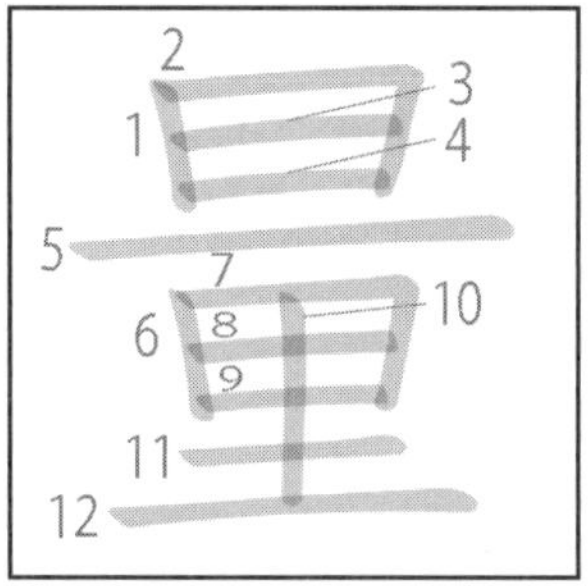

★次の言葉を言いながら、上の漢字をなぞりましょう。

日、一、里

★あなたが漢字をおぼえやすい言葉を考えて書きましょう。（上と同じでもよい。）

水の分量。

★上の絵を見ながら、左に漢字を書きましょう。

❶ 漢字付けたし完成クイズ

★四つのますの漢字を
▼なぞって、
▼つけたして、
それぞれのますをかんせいさせましょう。

❷ 読み方クイズ

★声に出して一回読んでから、□にあう読み方を書きましょう。

分量（りょう）

↓

分量（り□□）

↓

分量（□□□）

❸ 漢字を書こう

★□に漢字を書きましょう。下の□には、上の文を書きましょう。

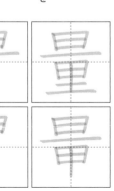

水の分□（りょう）。

リマインド

日にち　／

★一週間後の日にちを書いてチャレンジしましょう。

長く

★この漢字をおぼえた言葉を書きましょう。

日にち　／

名前

★あなたが漢字をおぼえやすい言葉を考えて書きましょう。（上と同じでもよい。）

言葉や絵でおぼえよう

★次の言葉を言いながら、上の漢字をなぞりましょう。

車、やね、よこ、たて、
かくはね、よこ、たて、
たて

一輪車（いちりんしゃ）

★上の絵を見ながら、左に漢字を書きましょう。

❶ 漢字付けたし完成クイズ

★四つのますの漢字を
▼なぞって、
▼つけたして、
それぞれのますをかんせいさせましょう。

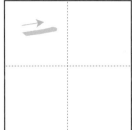

❷ 読み方クイズ

★声に出して一回読んでから、□にあう読み方を書きましょう。

一輪車（りん）
↓
一輪車（り□）
↓
一輪車（□□）

❸ 漢字を書こう

★□に漢字を書きましょう。下の□には、上の文を書きましょう。

一（いち）□（りん）車（しゃ）

リマインド

日にち　／

★一週間後の日にちを書いてチャレンジしましょう。

輪　とめる　はねる

★この漢字をおぼえた言葉を書きましょう。

日にち　／

言葉や絵でおぼえよう

類

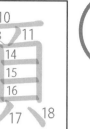

★次の言葉を言いながら、上の漢字をなぞりましょう。

米、大、一、ノ、貝

生き物の分類。

★上の絵を見ながら、左に漢字を書きましょう。

名前

★あなたが漢字をおぼえやすい言葉を考えて書きましょう。（上と同じでもよい。）

❶ 漢字付けたし完成クイズ

★四つのますの漢字を
▼なぞって、
▼つけたして、
それぞれのますをかんせいさせましょう。

米　類　米　類

❷ 読み方クイズ

★声に出して一回読んでから、□にあう読み方を書きましょう。

分類（るい）
↓
分類（る□）
↓
分類（□□）

❸ 漢字を書こう

★□に漢字を書きましょう。下の□には、上の文を書きましょう。

生き物の分□（るい）。

リマインド

日にち　／

★一週間後の日にちを書いてチャレンジしましょう。

類　類（とめる　とめる）

★この漢字をおぼえた言葉を書きましょう。

日にち　／

名前

言葉や絵でおぼえよう

令

★次の言葉を言いながら、上の漢字をなぞりましょう。

やね、てん、マ

号令をかける。

★上の絵を見ながら、左に漢字を書きましょう。

★あなたが漢字をおぼえやすい言葉を考えて書きましょう。（上と同じでもよい。）

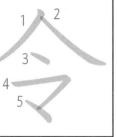

❶ 漢字付けたし完成クイズ

★四つのますの漢字を
▼なぞって、
▼つけたして、
それぞれのますをかんせいさせましょう。

❷ 読み方クイズ

★声に出して一回読んでから、□にあう読み方を書きましょう。

号令（れい）
↓
号令（れ□）
↓
号令（□□）

❸ 漢字を書こう

★□に漢字を書きましょう。下の□には、上の文を書きましょう。

号□（れい）をかける。

リマインド

日にち　／

★一週間後の日にちを書いてチャレンジしましょう。

令　●とめる

★この漢字をおぼえた言葉を書きましょう。

日にち　／

名前

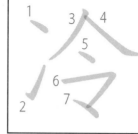

言葉や絵でおぼえよう

★次の言葉を言いながら、上の漢字をなぞりましょう。

冷（1〜7）

ン、やね、てん、マ

★あなたが漢字をおぼえやすい言葉を考えて書きましょう。（上と同じでもよい。）

冷(つめ)たい飲み物。

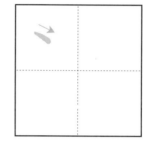

★上の絵を見ながら、左に漢字を書きましょう。

❶ 漢字付けたし完成クイズ

★四つのますの漢字を
▼なぞって、
▼つけたして、
それぞれのますをかんせいさせましょう。

❷ 読み方クイズ

★声に出して一回読んでから、□にあう読み方を書きましょう。

冷(つめ)たい
↓
冷(つ□)たい
↓
冷(□□)たい

❸ 漢字を書こう

★□に漢字を書きましょう。下の□には、上の文を書きましょう。

□(つめ)たい飲み物。

リマインド

日にち　／

★一週間後の日にちを書いてチャレンジしましょう。

冷（はらう・とめる）

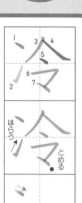

★この漢字をおぼえた言葉を書きましょう。

日にち　／

名前

言葉や絵でおぼえよう

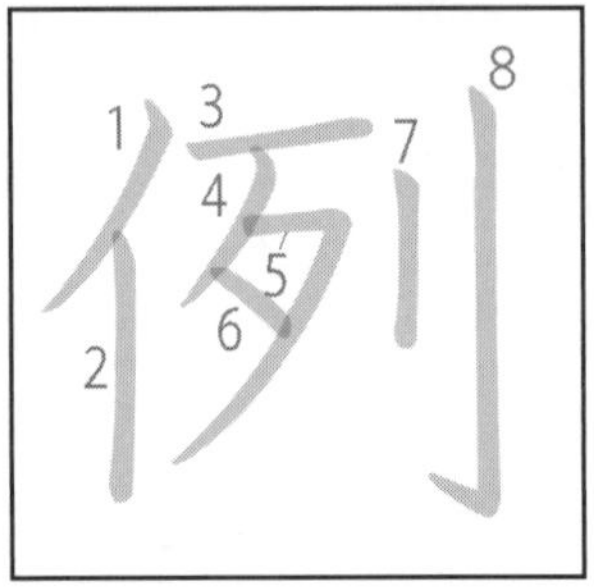

★次の言葉を言いながら、上の漢字をなぞりましょう。

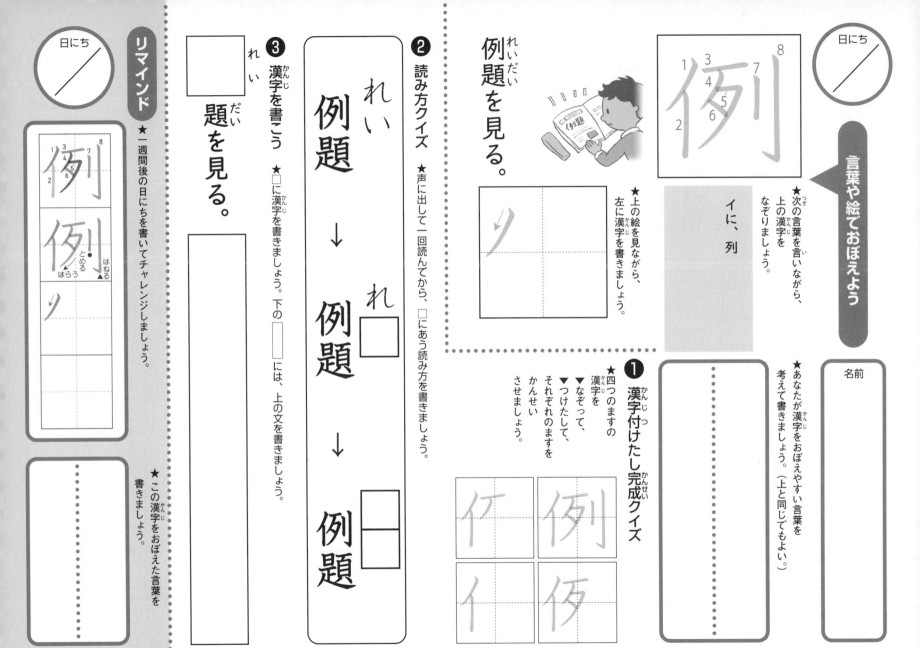

イに、列

★あなたが漢字をおぼえやすい言葉を考えて書きましょう。（上と同じでもよい。）

例題を見る。

★上の絵を見ながら、左に漢字を書きましょう。

❶ 漢字付けたし完成クイズ

★四つのますの漢字を
▼なぞって、
▼つけたして、
それぞれのますをかんせいさせましょう。

❷ 読み方クイズ

★声に出して一回読んでから、□にあう読み方を書きましょう。

れい　例題

↓

れ□　例題

↓

□□　例題

❸ 漢字を書こう

★□に漢字を書きましょう。下の□には、上の文を書きましょう。

□（れい）題を見る。

リマインド

日にち　／

★一週間後の日にちを書いてチャレンジしましょう。

例　とめる　はらう　はねる

★この漢字をおぼえた言葉を書きましょう。

日にち　／

言葉や絵でおぼえよう

★次の言葉を言いながら、上の漢字をなぞりましょう。

連

車に、しんにょう

犬を連れた人。

★上の絵を見ながら、左に漢字を書きましょう。

名前

★あなたが漢字をおぼえやすい言葉を考えて書きましょう。（上と同じでもよい。）

❶ 漢字付けたし完成クイズ

★四つのますの漢字を▼なぞって、▼つけたして、それぞれのますをかんせいさせましょう。

連　亘　車　一

❷ 読み方クイズ

★声に出して一回読んでから、□にあう読み方を書きましょう。

連れた → 連□れた → 連□れた

❸ 漢字を書こう

★□に漢字を書きましょう。下の□には、上の文を書きましょう。

犬を□れた人。

リマインド

日にち　／

★一週間後の日にちを書いてチャレンジしましょう。

連　とめる　はらう

★この漢字をおぼえた言葉を書きましょう。

日にち　／

言葉や絵でおぼえよう

★次の言葉を言いながら、上の漢字をなぞりましょう。

老

1 2 3 4 5 6

土、ノ、ヒ

老人（ろうじん）の会話。

★上の絵を見ながら、左に漢字を書きましょう。

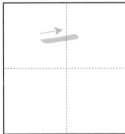

名前

★あなたが漢字をおぼえやすい言葉を考えて書きましょう。（上と同じでもよい。）

❶ 漢字付けたし完成クイズ

★四つのますの漢字を
▼なぞって、
▼つけたして、
それぞれのますをかんせいさせましょう。

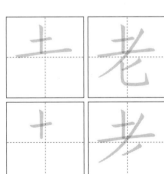

❷ 読み方クイズ

★声に出して一回読んでから、□にあう読み方を書きましょう。

老人（ろう）
↓
老人（ろ□）
↓
老人（□□）

❸ 漢字を書こう

★□に漢字を書きましょう。下の□には、上の文を書きましょう。

□（ろう）人（じん）の会話。

リマインド

日にち　／

★一週間後の日にちを書いてチャレンジしましょう。

老　1 2 3 4 5 6　はらう　はねる

★この漢字をおぼえた言葉を書きましょう。

日にち　／

言葉や絵でおぼえよう

労

★次の言葉を言いながら、上の漢字をなぞりましょう。

ツ、ワ、カ

肉体労働（ろうどう）

★上の絵を見ながら、左に漢字を書きましょう。

名前

★あなたが漢字をおぼえやすい言葉を考えて書きましょう。（上と同じでもよい。）

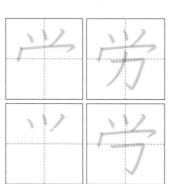

❶ 漢字付けたし完成クイズ

★四つのますの漢字を
▼なぞって、
▼つけたして、
それぞれのますをかんせいさせましょう。

❷ 読み方クイズ

★声に出して一回読んでから、□にあう読み方を書きましょう。

労働　ろうどう
↓
労働　ろ□どう
↓
労働　□□どう

❸ 漢字を書こう

★□に漢字を書きましょう。トの□には、上の文を書きましょう。

肉体□（ろう）働（どう）

日にち　／

リマインド

★一週間後の日にちを書いてチャレンジしましょう。

労　はらう　はねる

★この漢字をおぼえた言葉を書きましょう。

日にち　／

言葉や絵でおぼえよう

録

★次の言葉を言いながら、上の漢字をなぞりましょう。

金、かく、よこ、よこ、たてはね、ン、ノ、右はらい

録画をする。

★上の絵を見ながら、左に漢字を書きましょう。

名前

★あなたが漢字をおぼえやすい言葉を考えて書きましょう。（上と同じでもよい。）

❶ 漢字付けたし完成クイズ

★四つのますの漢字を
▼なぞって、
▼つけたして、
それぞれのますをかんせいさせましょう。

❷ 読み方クイズ

★声に出して一回読んでから、□にあう読み方を書きましょう。

録画（ろく）

↓

録（ろ□）画

↓

録（□□）画

❸ 漢字を書こう

★□に漢字を書きましょう。下の□には、上の文を書きましょう。

□（ろく）画をする。

リマインド

日にち　／

★一週間後の日にちを書いてチャレンジしましょう。

録　はらう　はらう　▲はねる

★この漢字をおぼえた言葉を書きましょう。

日にち

名前

部分(部品)でおぼえよう

愛
案
以

丶	女	夂	レ	心
爫	人	宀	冖	木

★上の[ ]から、下の読みになる漢字の部分をえらんで□に書き、たしてできる漢字を右はしの田に書きましょう。

できる漢字の読み

あい　□＋□＋□＋□……▶田

あん　□＋□＋□……▶田

い上　□＋□＋□……▶田

日にち ／

名前

部分(部品)でおぼえよう

★上の[点線の枠]から、下の読みになる漢字の部分をえらんで□に書き、たしてできる漢字を右はしの[田の枠]に書きましょう。

衣
位
茨

ク イ 人 イ く
立 冫 亠 艹

できる 漢字の読み

い料 □＋□＋□ ……▶ [田]

一い □＋□ ……▶ [田]

いばら □＋□＋□＋□ ……▶ [田]

日にち

名前

部分(部品)でおぼえよう

印
英
栄

★上の［点線の枠］から、下の読みになる漢字の部分をえらんで□に書き、たしてできる漢字を右はしの⊞に書きましょう。

央　木　艹　ᗴ
⺍　卩　冖

できる漢字の読み

しるし　□ ＋ □ → ⊞

えい国　□ ＋ □ → ⊞

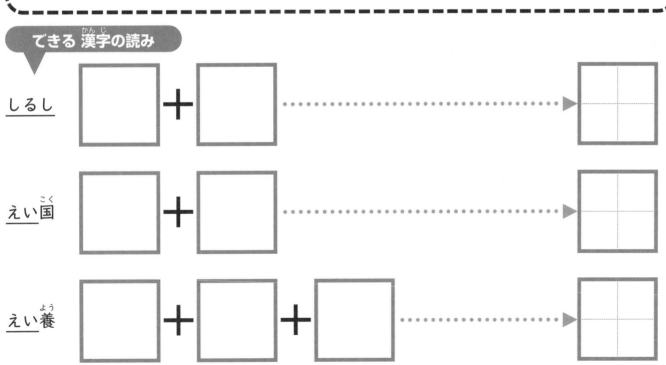

えい養　□ ＋ □ ＋ □ → ⊞

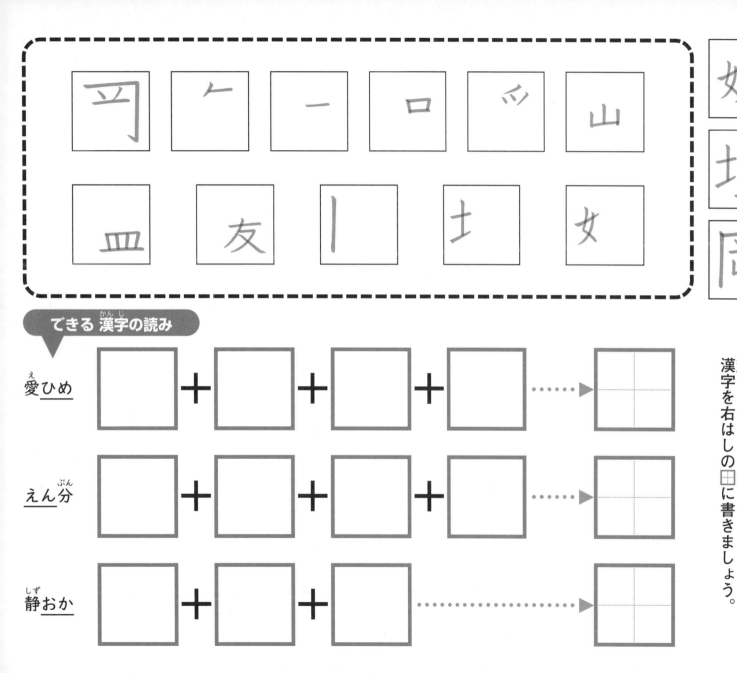

日にち

名前

部分（部品）でおぼえよう

媛　塩　岡

★上の［点線の枠］から、下の読みになる漢字の部分をえらんで□に書き、たしてできる漢字を右はしの田に書きましょう。

冋　𠂉　一　口　爫　山

皿　友　丨　土　女

できる漢字の読み

愛ひめ　□＋□＋□＋□ ……▶ 田

えん分　□＋□＋□＋□ ……▶ 田

静おか　□＋□＋□ ……▶ 田

日にち /

名前

部分(部品)でおぼえよう

億

加

果

★上の［　］から、下の読みになる漢字の部分をえらんで□に書き、たしてできる漢字を右はしの田に書きましょう。

心　口　日　力

日　亻　木　立

できる漢字の読み

おく　□＋□＋□＋□ → 田

参か　□＋□ → 田

か実　□＋□ → 田

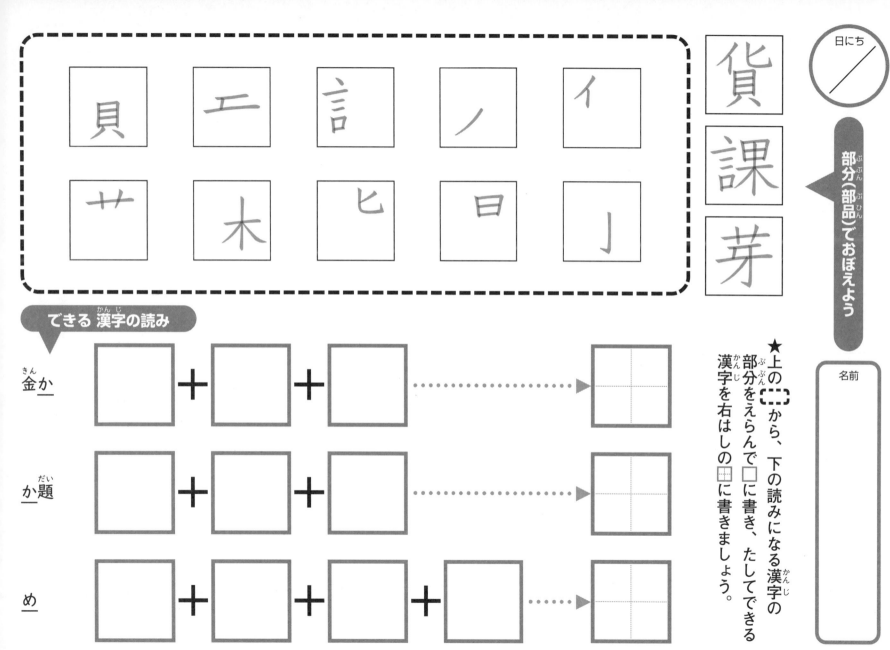

日にち ／

部分(部品)でおぼえよう

名前

貨 課 芽

★上の[ ]から、下の読みになる漢字の部分をえらんで□に書き、たしてできる漢字を右はしの⊞に書きましょう。

貝　二　言　ノ　イ
艹　木　匕　日　亅

できる漢字の読み

金か：□ ＋ □ ＋ □ ……▶ ⊞

か題：□ ＋ □ ＋ □ ……▶ ⊞

め：□ ＋ □ ＋ □ ＋ □ ……▶ ⊞

日にち

名前

部分(部品)でおぼえよう

賀 改 械

★上の⬚から、下の読みになる漢字の部分をえらんで□に書き、たしてできる漢字を右はしの⊞に書きましょう。

戈	目	己	一	ロ
カ	廾	ハ	夂	木

できる漢字の読み

滋が：□＋□＋□＋□ ⋯⋯▶ ⊞

かいさつ：□＋□ ⋯⋯▶ ⊞

機かい：□＋□＋□＋□ ⋯⋯▶ ⊞

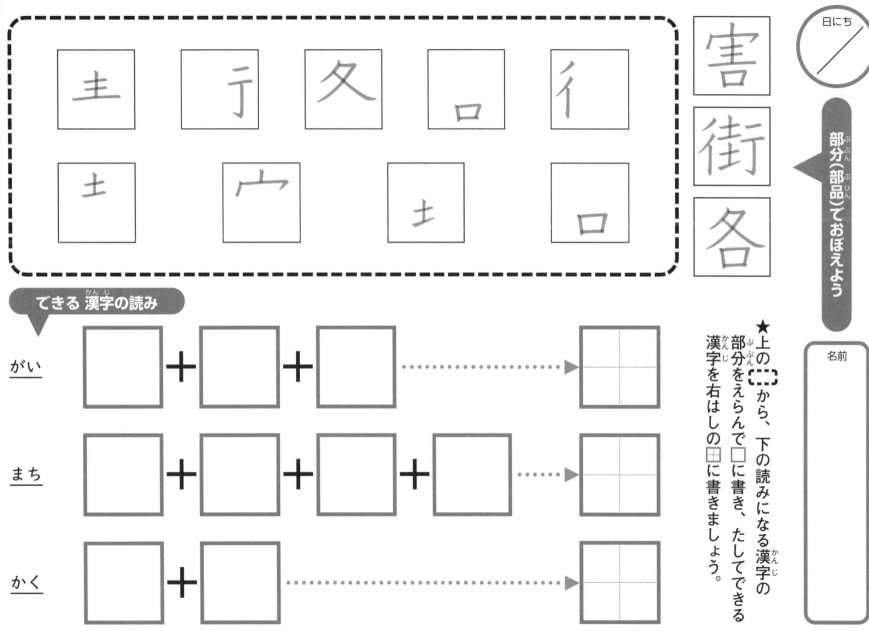

日にち

名前

部分(部品)でおぼえよう

害 街 各

★上の[点線の枠]から、下の読みになる漢字の部分をえらんで□に書き、たしてできる漢字を右はしの田に書きましょう。

丰 亍 夂 口 彳
土 宀 土 口

できる漢字の読み

がい □＋□＋□ ……▶ □

まち □＋□＋□＋□ ……▶ □

かく □＋□ ……▶ □

日にち

名前

部分(部品)でおぼえよう

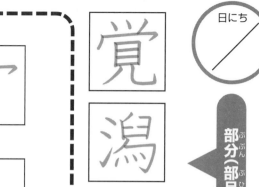

覚
潟
完

★上の[点線の枠]から、下の読みになる漢字の部分をえらんで□に書き、たしてできる漢字を右はしの田に書きましょう。

見	臼	勹	儿	冖
灬	宀	ツ	氵	二

できる漢字の読み

おぼえる　□＋□＋□ ……▶ 田

新がた　□＋□＋□＋□ ……▶ 田

かん成　□＋□＋□ ……▶ 田

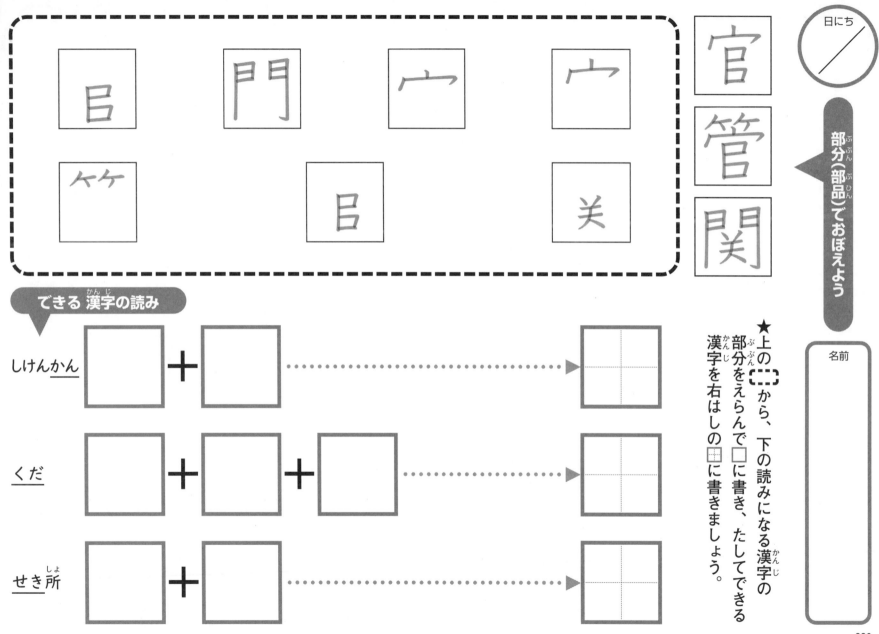

日にち

官　管　関

部分(部品)でおぼえよう

名前

★上の[点線の枠]から、下の読みになる漢字の部分をえらんで□に書き、たしてできる漢字を右はしの田に書きましょう。

吕	門	宀	宀
⺮		吕	关

できる漢字の読み

しけんかん　□ ＋ □ ……▶ 田

くだ　□ ＋ □ ＋ □ ……▶ 田

せき所　□ ＋ □ ……▶ 田

日にち　／

名前

部分(部品)でおぼえよう

観
願
岐

★上の⬚から、下の読みになる漢字の部分をえらんで□に書き、たしてできる漢字を右はしの⊞に書きましょう。

見	原	山	又	𠂉
丆	隹	貝	十	

できる漢字の読み

かん光　□ ＋ □ ＋ □ ……▶ ⊞

ねがい　□ ＋ □ ＋ □ ……▶ ⊞

ぎ阜　□ ＋ □ ＋ □ ……▶ ⊞

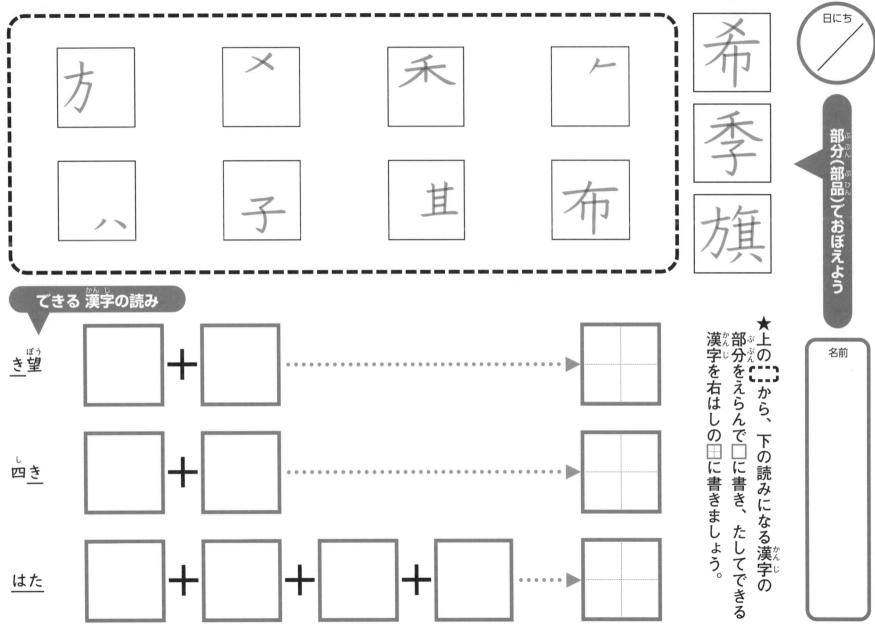

日にち　／

名前

部分（部品）でおぼえよう

★上の［ ］から、下の読みになる漢字の部分をえらんで□に書き、たしてできる漢字を右はしの□に書きましょう。

希　季　旗

方　メ　禾　𠂉

八　子　甘　布

できる漢字の読み

き望　□＋□ → □

四き　□＋□ → □

はた　□＋□＋□＋□ → □

日にち

部分(部品)でおぼえよう

名前

器
機
議

★上の[点線の枠]から、下の読みになる漢字の部分をえらんで□に書き、たしてできる漢字を右はしの⊞に書きましょう。

糸糸 大 戈 口口 言
羊 不 口口 我 木

できる 漢字の読み

食き（しょっき）　□ + □ + □ ……▶ ⊞

飛行き（ひこうき）　□ + □ + □ + □ ……▶ ⊞

会ぎ（かいぎ）　□ + □ + □ ……▶ ⊞

日にち

名前

部分(部品)でおぼえよう

★上の［　］から、下の読みになる漢字の部分をえらんで□に書き、たしてできる漢字を右はしの⊞に書きましょう。

求	泣	給	
扌	糸	氵	丶
立	氺	合	

できる漢字の読み

もとめる　□＋□＋□ → ⊞

なく　□＋□ → ⊞

きゅう食　□＋□ → ⊞

日にち

部分(部品)でおぼえよう

挙 漁 共

名前

★上の[点線の枠]から、下の読みになる漢字の部分をえらんで□に書き、たしてできる漢字を右はしの□に書きましょう。

八	一	魚	手
⺍	氵	八	龷

できる漢字の読み

あげる　□＋□＋□＋□ …… ▶ □

りょう　□＋□ …… ▶ □

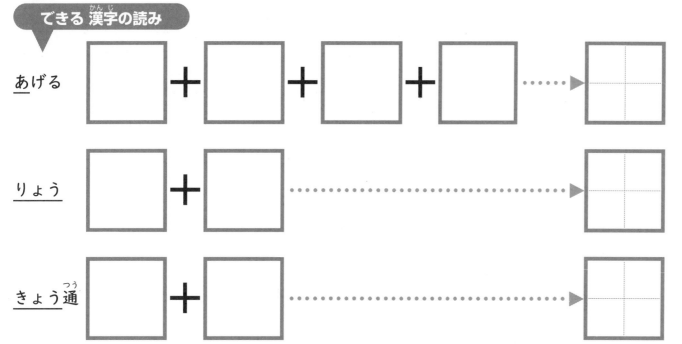

きょう通　□＋□ …… ▶ □

日にち

名前

部分(部品)でおぼえよう

協 鏡 競

★上の[枠]から、下の読みになる漢字の部分をえらんで□に書き、たしてできる漢字を右はしの田に書きましょう。

カ	立	兄	金	カ	兄
儿	立	十	立	曰	カ

できる漢字の読み

きょう力 □＋□＋□＋□ ……▶ 田

望遠きょう □＋□＋□＋□ ……▶ 田

きょう争 □＋□＋□＋□ ……▶ 田

日にち

名前

部分（部品）でおぼえよう

★上の［点線の枠］から、下の読みになる漢字の部分をえらんで□に書き、たしてできる漢字を右はしの□に書きましょう。

極　熊　訓

川	㠯	灬	了	言
ム	一	口又	月	木

できる漢字の読み

南きょく　□ ＋ □ ＋ □ ＋ □ ……▶ □

くま本　□ ＋ □ ＋ □ ＋ □ ……▶ □

くん練　□ ＋ □ ……▶ □

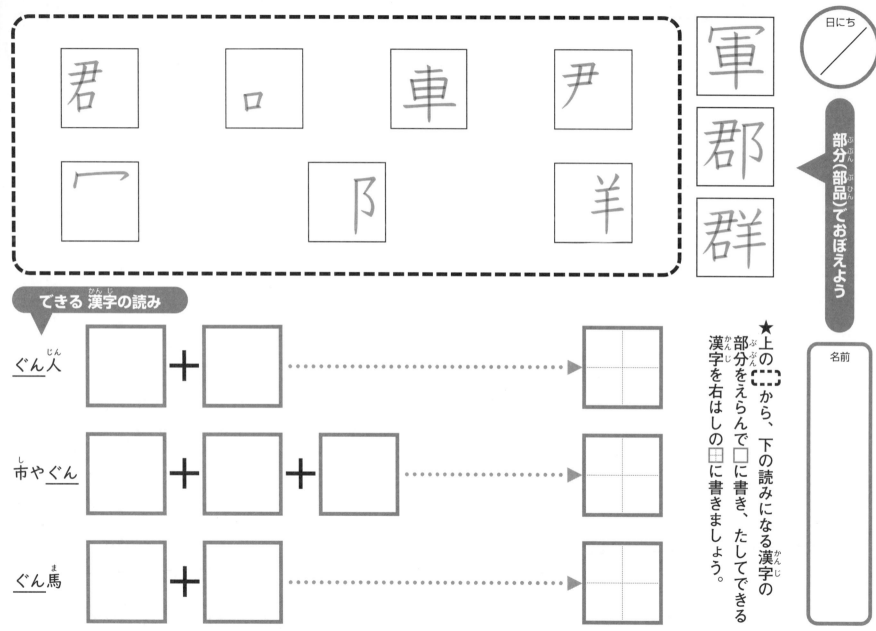

日にち

部分(部品)でおぼえよう

軍
郡
群

名前

★上の[　]から、下の読みになる漢字の部分をえらんで□に書き、たしてできる漢字を右はしの田に書きましょう。

君　口　車　尹
冖　阝　羊

できる漢字の読み

ぐん人　□＋□ → 田

市やぐん　□＋□＋□ → 田

ぐん馬　□＋□ → 田

日にち

名前

部分（部品）でおぼえよう

径
景
芸

★上の [点線の枠] から、下の読みになる漢字の部分をえらんで□に書き、たしてできる漢字を右はしの□に書きましょう。

又　ム　彳　日
二　土　京　艹

できる漢字の読み

直けい　□＋□＋□ …… ▶ □

情けい　□＋□ …… ▶ □

曲げい　□＋□＋□ …… ▶ □

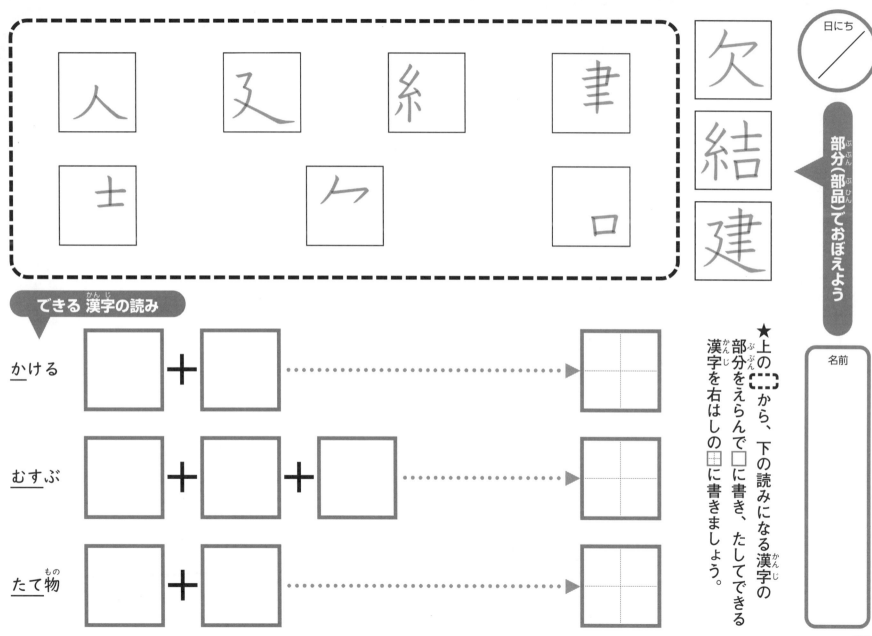

日にち

名前

部分(部品)でおぼえよう

欠 結 建

★上の[点線の枠]から、下の読みになる漢字の部分をえらんで□に書き、たしてできる漢字を右はしの田に書きましょう。

人 又 糸 聿 士 𠂉 口

できる漢字の読み

読み	部分				できる漢字
<u>か</u>ける	□	+	□	→	田
<u>むす</u>ぶ	□	+	□ + □	→	田
<u>たて</u>物	□	+	□	→	田

日にち ／

部分（部品）でおぼえよう

健 験 固

★上の ┌┐ から、下の読みになる漢字の部分をえらんで□に書き、たしてできる漢字を右はしの田に書きましょう。

古	亼	聿	一	馬
ロ	廴	冂	人	イ

できる漢字の読み

けんこう　□ ＋ □ ＋ □ ……▶ 田

試けん　□ ＋ □ ＋ □ ＋ □ ……▶ 田

かためる　□ ＋ □ ＋ □ ……▶ 田

名前

日にち

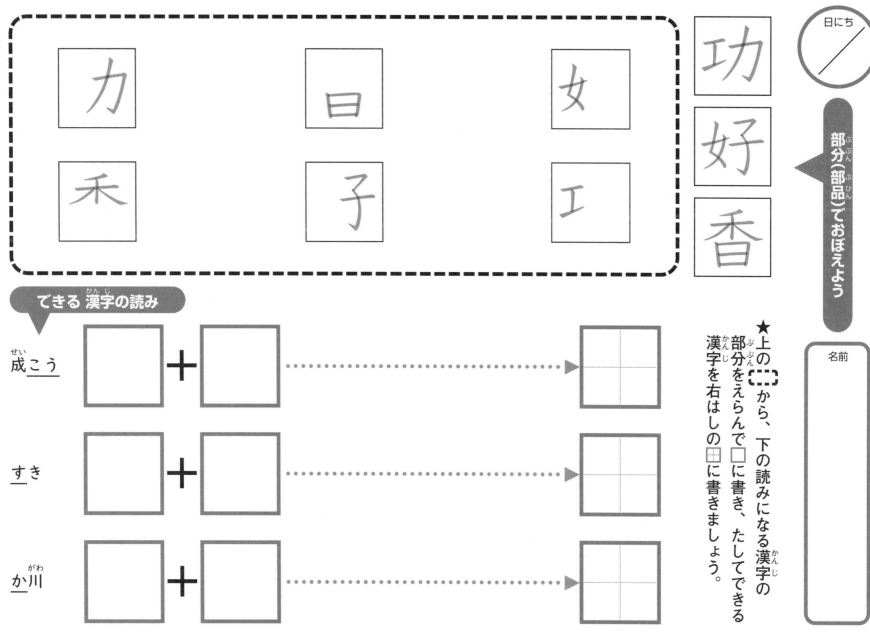

部分(部品)でおぼえよう

功 好 香

名前

★上の⬚から、下の読みになる漢字の部分をえらんで□に書き、たしてできる漢字を右はしの⊞に書きましょう。

力 日 女

禾 子 工

できる漢字の読み

成こう　□ ＋ □ ……▶ ⊞

すき　□ ＋ □ ……▶ ⊞

か川　□ ＋ □ ……▶ ⊞

日にち ／

部分（部品）でおぼえよう

候 康 佐

ユ 亅 丨 广 亻

ヨ 亻 ⺌ 左 矢

★上の［　］から、下の読みになる漢字の部分をえらんで□に書き、たしてできる漢字を右はしの⊞に書きましょう。

名前

できる漢字の読み

天こう　□＋□＋□＋□……▶⊞

健こう　□＋□＋□＋□……▶⊞

さ賀　□＋□……▶⊞

日にち

名前

部分(部品)でおぼえよう

差
菜
最

★上の[ ]から、下の読みになる漢字の部分をえらんで□に書き、たしてできる漢字を右はしの田に書きましょう。

取　艹　ノ　一　ノ　エ
王　日　木　ソ　ツ

できる漢字の読み

さ：□＋□＋□＋□ ……▶ 田

野さい：□＋□＋□＋□ ……▶ 田

もっとも：□＋□＋□ ……▶ 田

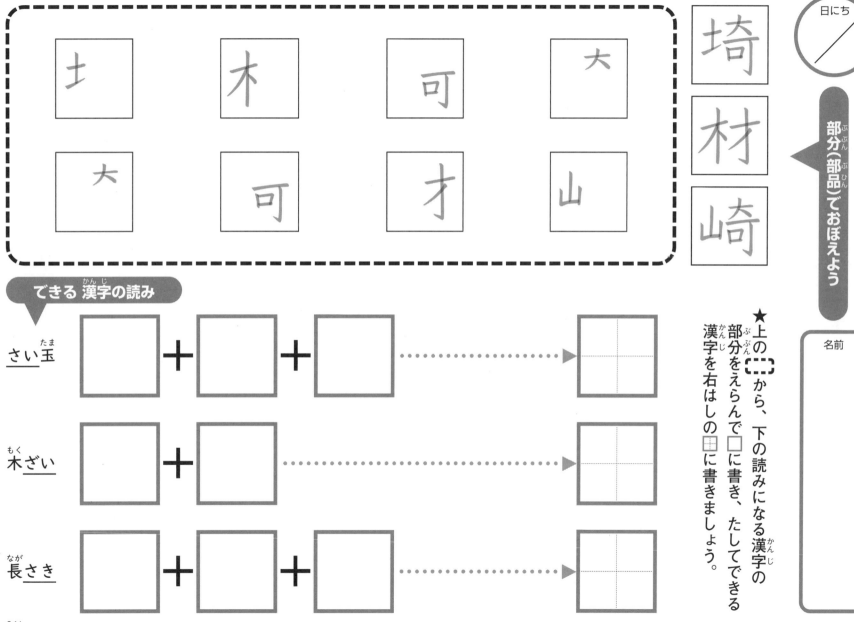

日にち

名前

部分(部品)でおぼえよう

★上の［点線のわく］から、下の読みになる漢字の部分をえらんで□に書き、たしてできる漢字を右はしの田に書きましょう。

埼 材 崎

土	木	可	大
大	可	才	山

できる漢字の読み

さい玉　□＋□＋□ ……→ 田

木ざい　□＋□ ……→ 田

長さき　□＋□＋□ ……→ 田

日にち

名前

部分(部品)でおぼえよう

昨　札　刷

★上の［　］から、下の読みになる漢字の部分をえらんで□に書き、たしてできる漢字を右はしの□に書きましょう。

刂	乍	巾	乚
尸		木	日

できる漢字の読み

さく日　□ ＋ □ ……▶ □

ふだ　□ ＋ □ ……▶ □

印さつ　□ ＋ □ ＋ □ ……▶ □

日にち ／

名前

部分(部品)でおぼえよう

察 参 産

★上の［　］から、下の読みになる漢字の部分をえらんで□に書き、たしてできる漢字を右はしの田に書きましょう。

立　示　厶　ノ　宀

又　生　夕　大　彡

できる漢字の読み

観さつ　□＋□＋□＋□ ……▶ 田

さん加　□＋□＋□ ……▶ 田

うむ　□＋□＋□ ……▶ 田

日にち　／

名前

部分（部品）でおぼえよう

散　残　氏

★上の⬚から、下の読みになる漢字の部分をえらんで□に書き、たしてできる漢字を右はしの⊞に書きましょう。

攵	𠂆	戋	㇏	龷
一	月	一	夕	

できる漢字の読み

ちる　□＋□＋□ ……▶ ⊞

のこす　□＋□＋□ ……▶ ⊞

山田し　□＋□＋□ ……▶ ⊞

日にち

名前

部分(部品)でおぼえよう

★上の[点線の枠]から、下の読みになる漢字の部分をえらんで□に書き、たしてできる漢字を右はしの田に書きましょう。

司 試 児

𠃌	丨	式	口
日	一	儿	言

できる 漢字の読み

し会　□＋□＋□ → 田

し合　□＋□ → 田

じ童　□＋□＋□ → 田

日にち ／

名前

部分(部品)でおぼえよう

治
滋
辞

★上の⬚から、下の読みになる漢字の部分をえらんで□に書き、たしてできる漢字を右はしの⊞に書きましょう。

舌	氵	十	䒑		
氵	立	幺幺	台		

できる漢字の読み

なおす　□＋□ ……▶ ⊞

し賀　□＋□＋□ ……▶ ⊞

じ書　□＋□＋□ ……▶ ⊞

日にち

名前

部分(部品)でおぼえよう

鹿 失 借

★上の[点線の枠]から、下の読みになる漢字の部分をえらんで□に書き、たしてできる漢字を右はしの[十字の入った□]に書きましょう。

比	人	廿	ノ	广
日	土	二	亻	

できる漢字の読み

か児島　□＋□＋□ → □

消しつ　□＋□＋□ → □

かりる　□＋□＋□ → □

日にち　／

部分(部品)でおぼえよう

名前

★上の［　］から、下の読みになる漢字の部分をえらんで□に書き、たしてできる漢字を右はしの田に書きましょう。

種　周　祝

禾　冂　兄　口

土　重　ネ

できる 漢字の読み

たね　□ ＋ □ ……▶ 田

まわり　□ ＋ □ ＋ □ ……▶ 田

いわい　□ ＋ □ ……▶ 田

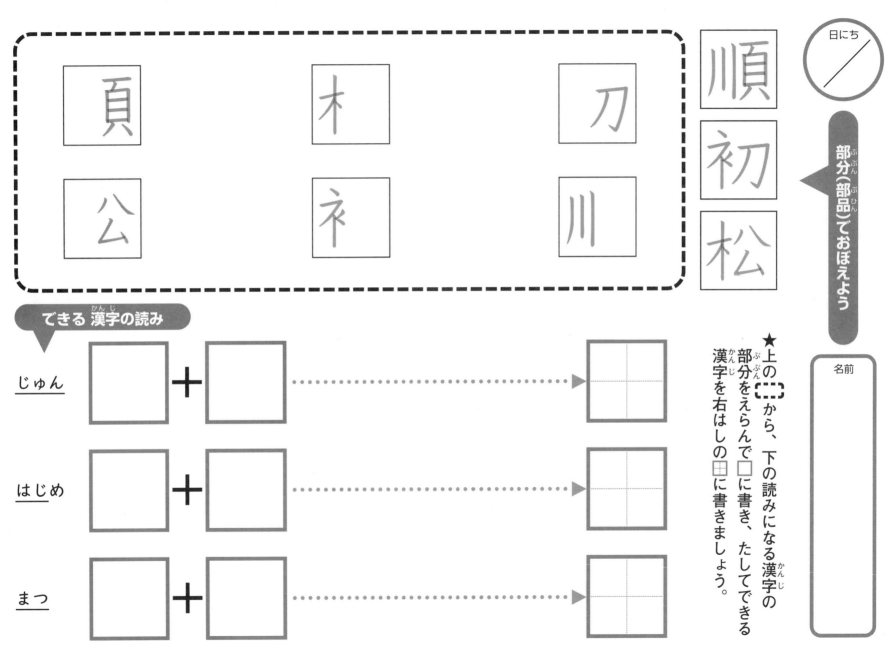

日にち

部分(部品)でおぼえよう

順
初
松

名前

★上の[点線枠]から、下の読みになる漢字の部分をえらんで□に書き、たしてできる漢字を右はしの田に書きましょう。

頁　木　刀
公　衤　川

できる漢字の読み

じゅん　□ ＋ □ → □

はじめ　□ ＋ □ → □

まつ　□ ＋ □ → □

日にち

名前

部分(部品)でおぼえよう

★上の[ ]から、下の読みになる漢字の部分をえらんで□に書き、たしてできる漢字を右はしの田に書きましょう。

笑

唱

焼

艹	口	⺮	曰	火
一	十	日	兀	大

できる漢字の読み

わらう　□ ＋ □ ＋ □ ……▶ 田

となえる　□ ＋ □ ＋ □ ……▶ 田

やく　□ ＋ □ ＋ □ ＋ □ ……▶ 田

日にち

部分(部品)でおぼえよう

照
城
縄

★上の[ ]から、下の読みになる漢字の部分をえらんで□に書き、たしてできる漢字を右はしの⊞に書きましょう。

丶	口	戈	糸	士	灬
乚	日	昌	刀	𠂆	

名前

できる漢字の読み

てる　□＋□＋□＋□……▶⊞

しろ　□＋□＋□＋□……▶⊞

沖なわ　□＋□＋□……▶⊞

日にち ／

名前

部分(部品)でおぼえよう

★上の［点線のわく］から、下の読みになる漢字の部分をえらんで□に書き、たしてできる漢字を右はしの□に書きましょう。

臣

信

井

宀　言　二　一

川　厂　亻

できる漢字の読み

大じん　□ + □ + □ ……→ □

自しん　□ + □ ……→ □

福い　□ + □ ……→ □

日にち

名前

部分(部品)でおぼえよう

成　省　清

★上の[ ]から、下の読みになる漢字の部分をえらんで□に書き、たしてできる漢字を右はしの□に書きましょう。

㇇	青	一	氵
少	戈	目	ノ

できる漢字の読み

せい長　□ + □ + □ + □ ……▶ □

反せい　□ + □ ……▶ □

せい流　□ + □ ……▶ □

日にち　／

名前

部分（部品）でおぼえよう

静

席

積

★上の［点線の囲み］から、下の読みになる漢字の部分をえらんで□に書き、たしてできる漢字を右はしの田に書きましょう。

青	广	ヨ	圭	巾
禾	ク	廿	亅	貝

できる漢字の読み

しずか　□ ＋ □ ＋ □ ＋ □ ……▶ 田

せき　□ ＋ □ ＋ □ ……▶ 田

つむ　□ ＋ □ ＋ □ ……▶ 田

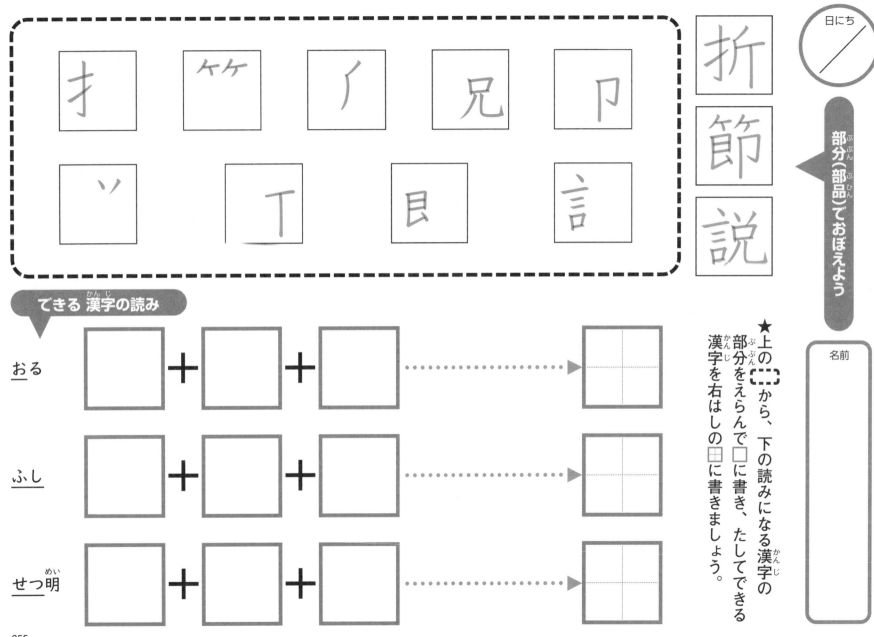

日にち ／

名前

部分(部品)でおぼえよう

折 節 説

★上の［点線の枠］から、下の読みになる漢字の部分をえらんで□に書き、たしてできる漢字を右はしの□に書きましょう。

扌 ⺮ 丿 兄 卩 ソ 丁 艮 言

できる漢字の読み

おる　□ ＋ □ ＋ □ ……▶ □

ふし　□ ＋ □ ＋ □ ……▶ □

せつ明　□ ＋ □ ＋ □ ……▶ □

日にち

名前

部分（部品）でおぼえよう

浅
戦
選

★上の［点線のわく］から、下の読みになる漢字の部分をえらんで□に書き、たしてできる漢字を右はしの□に書きましょう。

氵　己　甲　辶　三
己　⺍　戈　戋　共

できる漢字の読み

あさい　□＋□＋□ ……▶ □

たたかう　□＋□＋□ ……▶ □

えらぶ　□＋□＋□＋□ ……▶ □

日にち

部分(部品)でおぼえよう

然 争 倉

★上の[ ]から、下の読みになる漢字の部分をえらんで□に書き、たして できる漢字を右はしの田に書きましょう。

名前

灬	ク	尸	ヨ	犬
口	一	タ	亅	人

できる 漢字の読み

自ぜん	□	＋	□	＋	□		→ 田
あらそい	□	＋	□	＋	□		→ 田
そう庫	□	＋	□	＋	□	＋ □	→ 田

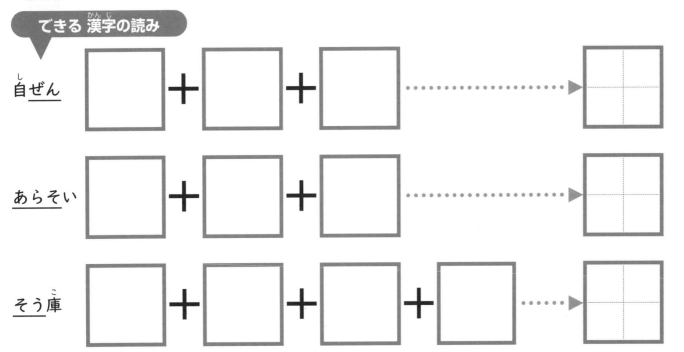

日にち

名前

部分(部品)でおぼえよう

巣
束
側

★上の⬚から、下の読みになる漢字の部分をえらんで□に書き、たしてできる漢字を右はしの⊞に書きましょう。

⺍	口	貝	丨	日
人	亻	木	刂	一

できる漢字の読み

す　□ + □ + □ ⋯⋯▶ ⊞

花たば　□ + □ + □ + □ ⋯⋯▶ ⊞

左がわ　□ + □ + □ ⋯⋯▶ ⊞

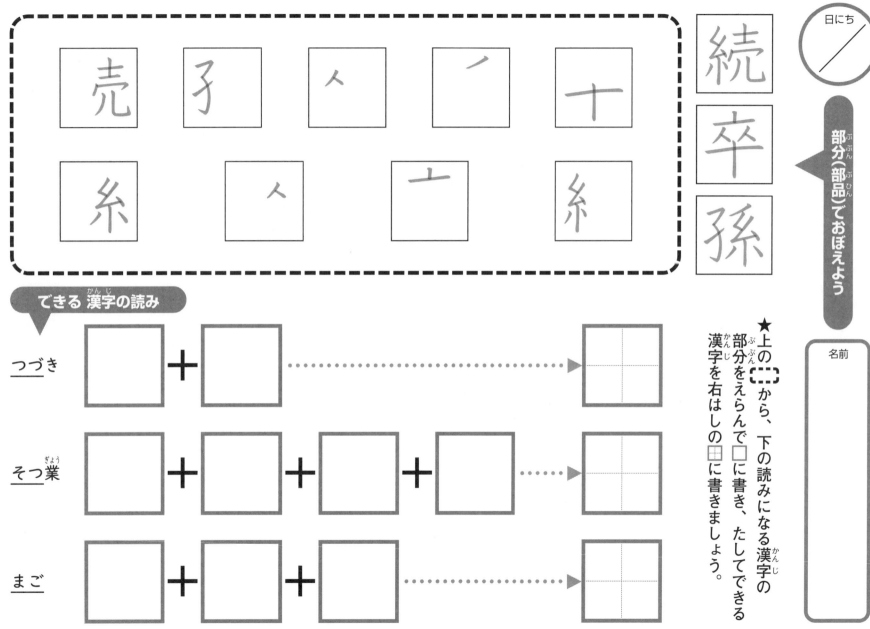

日にち

名前

部分(部品)でおぼえよう

続 卒 孫

★上の[ ]から、下の読みになる漢字の部分をえらんで□に書き、たしてできる漢字を右はしの田に書きましょう。

売	子	人	ノ	十
糸	人	亠	糸	

できる漢字の読み

つづき　□＋□ ……▶ 田

そつ業　□＋□＋□＋□ ……▶ 田

まご　□＋□＋□ ……▶ 田

日にち

名前

部分（部品）でおぼえよう

帯
隊
達

★上の［　］から、下の読みになる漢字の部分をえらんで□に書き、たしてできる漢字を右はしの田に書きましょう。

龷	手	丷	丷	巾
土	阝	冖	豕	辶

できる漢字の読み

おび　□＋□＋□ → 田

部たい　□＋□＋□ → 田

速たつ　□＋□＋□＋□ → 田

日にち ／

名前

部分(部品)でおぼえよう

単 置 仲

★上の［点線の枠］から、下の読みになる漢字の部分をえらんで□に書き、たしてできる漢字を右はしの田に書きましょう。

日 直 亻 ⺍

中 十 罒

できる漢字の読み

たん位　□ ＋ □ ＋ □ ……▶ 田

配ち　□ ＋ □ ……▶ 田

なか　□ ＋ □ ……▶ 田

日にち ／

部分(部品)でおぼえよう

沖
兆
低

★上の⬚から、下の読みになる漢字の部分をえらんで□に書き、たしてできる漢字を右はしの⊞に書きましょう。

名前

中　冫　一　く　亻
し　氏　丿　氵

できる漢字の読み

おき縄　□ ＋ □ → ⊞

前ちょう　□ ＋ □ ＋ □ ＋ □ → ⊞

ひくい　□ ＋ □ ＋ □ → ⊞

日にち

名前

部分（部品）でおぼえよう

底
的
典

★上の（点線の枠）から、下の読みになる漢字の部分をえらんで□に書き、たしてできる漢字を右はしの田に書きましょう。

白　二　丿　丶　冂　亠

八　氏　丨丨　一　勹

できる漢字の読み

そこ　□＋□＋□＋□　……▶　田

まと　□＋□＋□　……▶　田

事てん　□＋□＋□＋□　……▶　田

日にち ／

名前

部分(部品)でおぼえよう

伝 徒 努

★上の[ ]から、下の読みになる漢字の部分をえらんで□に書き、たしてできる漢字を右はしの田に書きましょう。

ム	走	イ	女
又	二	カ	彳

できる漢字の読み

つたえる　□＋□＋□ ……▶ 田

と歩　□＋□ ……▶ 田

ど力　□＋□＋□ ……▶ 田

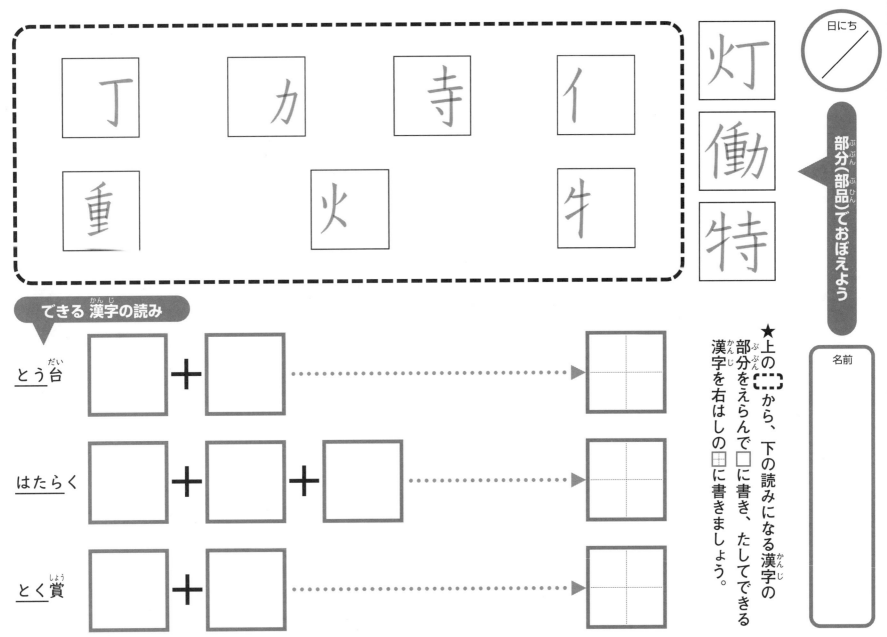

日にち

名前

部分(部品)でおぼえよう

灯 働 特

★上の［点線の枠］から、下の読みになる漢字の部分をえらんで□に書き、たしてできる漢字を右はしの田に書きましょう。

丁 力 寺 亻

重 火 牛

できる漢字の読み

とう台　□＋□ …… ▶ 田

はたらく　□＋□＋□ …… ▶ 田

とく賞　□＋□ …… ▶ 田

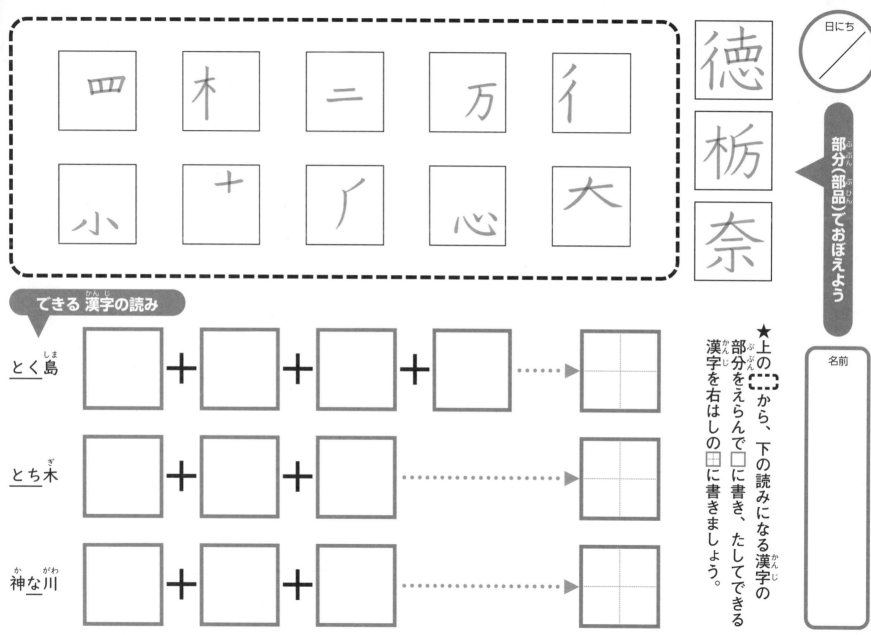

日にち

部分（部品）でおぼえよう

名前

★上の［点線のわく］から、下の読みになる漢字の部分をえらんで□に書き、たしてできる漢字を右はしの□に書きましょう。

徳 栃 奈

罒	木	二	万	彳
小	十	厂	心	大

できる 漢字の読み

とく島　□＋□＋□＋□ ……▶ □

とち木　□＋□＋□ ……▶ □

神な川　□＋□＋□ ……▶ □

日にち

部分(部品)でおぼえよう

梨
熱
念

名前

★上の[ ]から、下の読みになる漢字の部分をえらんで□に書き、たしてできる漢字を右はしの田に書きましょう。

禾	灬	刂	坴
心	木	丸	今

できる漢字の読み

山なし　□＋□＋□ ……▶ 田

あつい　□＋□＋□ ……▶ 田

ねん仏　□＋□ ……▶ 田

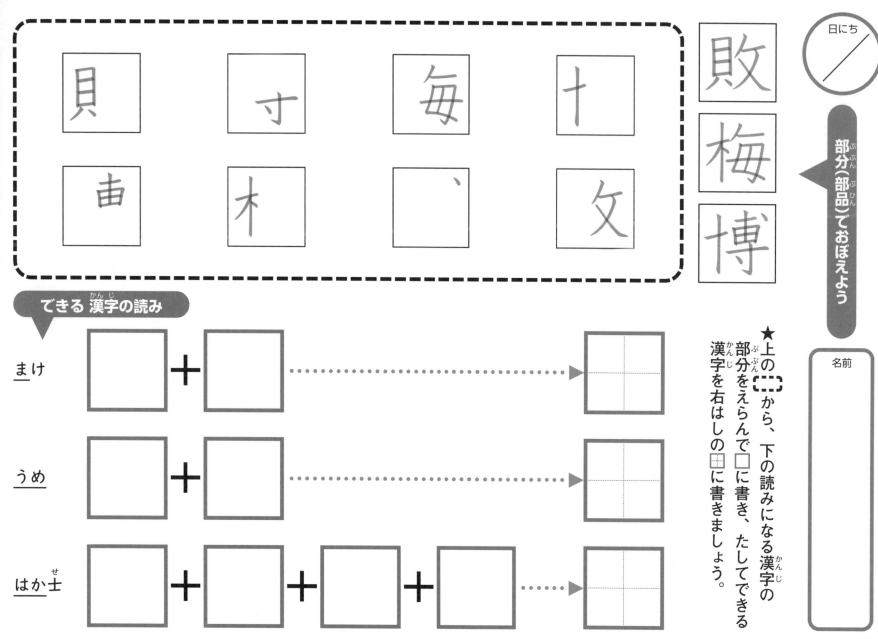

日にち

部分(部品)でおぼえよう

敗
梅
博

★上の[破線の枠]から、下の読みになる漢字の部分をえらんで□に書き、たしてできる漢字を右はしの田に書きましょう。

名前

貝	寸	毎	十
甫	木	丶	攵

できる漢字の読み

まけ　□＋□ ……▶ 田

うめ　□＋□ ……▶ 田

はか士　□＋□＋□＋□ ……▶ 田

日にち

名前

部分(部品)でおぼえよう

阪
飯
飛

反	⺄	飠	丨
丿	反	⺄	阝

★上の［点線のわく］から、下の読みになる漢字の部分をえらんで□に書き、たしてできる漢字を右はしの田に書きましょう。

できる漢字の読み

大さか　□ ＋ □ ……▶ 田

朝めし　□ ＋ □ ……▶ 田

とぶ　□ ＋ □ ＋ □ ＋ □ ……▶ 田

日にち　／

名前

部分(部品)でおぼえよう

必　票　標

★上の[ ]から、下の読みになる漢字の部分をえらんで□に書き、たしてできる漢字を右はしの田に書きましょう。

西　八　西　丶
示　乂　示　木

できる漢字の読み

ひっ勝　□＋□＋□ ……▶ 田

開ひょう　□＋□ ……▶ 田

ひょうしき　□＋□＋□ ……▶ 田

日にち

部分(部品)でおぼえよう

不
夫
付

★上の[点線の枠]から、下の読みになる漢字の部分をえらんで□に書き、たしてできる漢字を右はしの田に書きましょう。

名前

丨	二	一	人
亻	ノ	寸	丶

できる 漢字の読み

ふ自由　□＋□＋□＋□ ……▶ 田

おっと　□＋□ ……▶ 田

ふ録　□＋□ ……▶ 田

日にち　／

名前

部分（部品）でおぼえよう

府　阜　富

★上の⬚から、下の読みになる漢字の部分をえらんで□に書き、たしてできる漢字を右はしの田に書きましょう。

亻	一	ヨ	田	广
十	口	寸	𠂆	宀

できる漢字の読み

京都（きょうと）ふ　□ ＋ □ ＋ □ ……▶ 田

岐（ぎ）ふ　□ ＋ □ ＋ □ ……▶ 田

と山（やま）　□ ＋ □ ＋ □ ＋ □ ……▶ 田

日にち

名前

部分(部品)でおぼえよう

副
兵
別

★上の[ ]から、下の読みになる漢字の部分をえらんで□に書き、たしてできる漢字を右はしの田に書きましょう。

口	刂	㔾	ク
丘	田	刂	八

できる漢字の読み

ふく食　□ ＋ □ ＋ □ → □

へい隊　□ ＋ □ → □

わかれ　□ ＋ □ ＋ □ → □

日にち ／

部分（部品）でおぼえよう

辺
変
便

夂　丿　⺍　刀　亻
丶　辶　亘　亠

★上の[点線の枠]から、下の読みになる漢字の部分をえらんで□に書き、たしてできる漢字を右はしの田に書きましょう。

名前

できる 漢字の読み

周へん　□＋□ ……▶ 田

へん身　□＋□＋□ ……▶ 田

ゆうびん　□＋□＋□＋□ ……▶ 田

日にち

名前

部《ぶ》分《ぶん》(部《ぶ》品《ひん》)でおぼえよう

★上の[ ]から、下の読みになる漢字《かんじ》の部《ぶ》分《ぶん》をえらんで□に書き、たしてできる漢字《かんじ》を右はしの⊞に書きましょう。

包
法
望

勹　月　氵　乚　亡

土　コ　王　ム

できる 漢字《かんじ》の読み

つつむ　□ ＋ □ ＋ □ ……▶ ⊞

ほう　□ ＋ □ ＋ □ ……▶ ⊞

のぞむ　□ ＋ □ ＋ □ ……▶ ⊞

日にち

名前

部分(部品)でおぼえよう

牧 末 満

★上の[ ]から、下の読みになる漢字の部分をえらんで□に書き、たしてできる漢字を右はしの□に書きましょう。

攵	口	木	氵
卄	一	山	牛

できる 漢字の読み

ぼく場　□ ＋ □ …… □

すえ　□ ＋ □ …… □

みちる　□ ＋ □ ＋ □ ＋ □ …… □

部分(部品)でおぼえよう

未 民 無

★上の[ ]から、下の読みになる漢字の部分をえらんで□に書き、たしてできる漢字を右はしの田に書きましょう。

罒	ヨ	一	弋	𠂉	一	灬	レ	木

できる漢字の読み

み来：□ + □ → 田

みん族：□ + □ + □ → 田

ない：□ + □ + □ + □ → 田

日にち

名前

約
勇
要

日にち　／

名前

部分（部品）でおぼえよう

★上の⬚から、下の読みになる漢字の部分をえらんで□に書き、たしてできる漢字を右はしの⊞に書きましょう。

糸	田	女	勹
力	、	マ	西

できる漢字の読み

やく束　□ ＋ □ ＋ □ ……▶ ⊞

いさましい　□ ＋ □ ＋ □ ……▶ ⊞

よう点　□ ＋ □ ……▶ ⊞

日にち ／

名前

部分(部品)でおぼえよう

養
浴
利

★上の[点線の枠]から、下の読みになる漢字の部分をえらんで□に書き、たしてできる漢字を右はしの田に書きましょう。

食	氵	禾
谷	刂	𦍌

できる漢字の読み

栄よう　□＋□ ……▶ 田

あびる　□＋□ ……▶ 田

便り　□＋□ ……▶ 田

日にち

陸
良
料

部分（部品）でおぼえよう

名前

★上の[点線の枠]から、下の読みになる漢字の部分をえらんで□に書き、たしてできる漢字を右はしの田に書きましょう。

く　土　米　丶　阝
土　⺀　艮　八　十

できる 漢字の読み

りく　□＋□＋□＋□ ……▶ 田

よい　□＋□＋□ ……▶ 田

りょう 理　□＋□＋□ ……▶ 田

日にち ／

部分（部品）でおぼえよう

量 輪 類

★上の[点線の枠]から、下の読みになる漢字の部分をえらんで□に書き、たしてできる漢字を右はしの田に書きましょう。

名前

里	人	頁	冊	一			
一	大	日	米	車			

できる 漢字の読み

分りょう □＋□＋□ ……▶ 田

一りん □＋□＋□＋□ ……▶ 田

分るい □＋□＋□ ……▶ 田

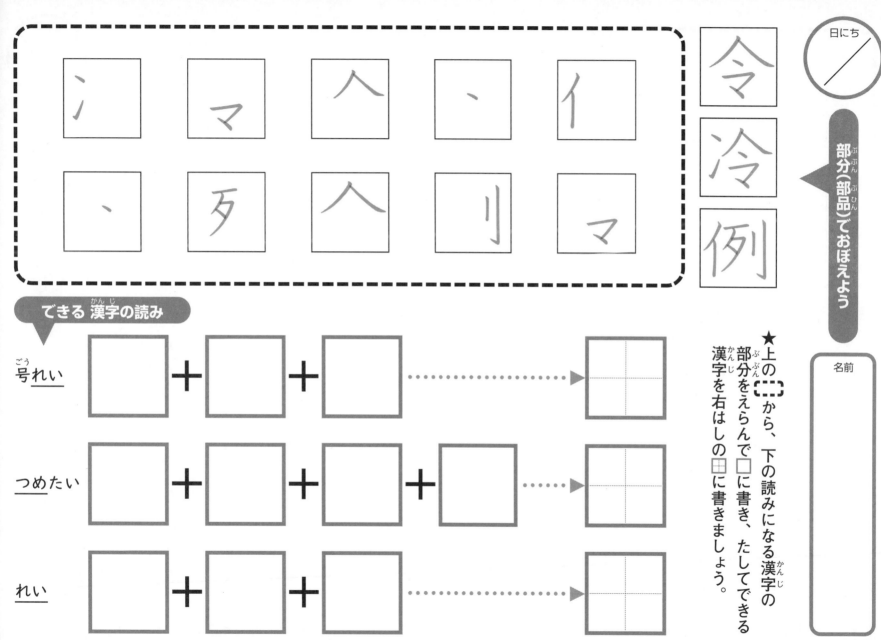

日にち

名前

部分(部品)でおぼえよう

令

冷

例

★上の [ ] から、下の読みになる漢字の部分をえらんで□に書き、たしてできる漢字を右はしの田に書きましょう。

氵	マ	人	丶	亻
丶	歹	人	刂	マ

できる 漢字の読み

号れい　□ ＋ □ ＋ □ ……▶ 田

つめたい　□ ＋ □ ＋ □ ＋ □ ……▶ 田

れい　□ ＋ □ ＋ □ ……▶ 田

日にち

名前

部分(部品)でおぼえよう

連
老
労

★上の[- -]から、下の読みになる漢字の部分をえらんで□に書き、たしてできる漢字を右はしの田に書きましょう。

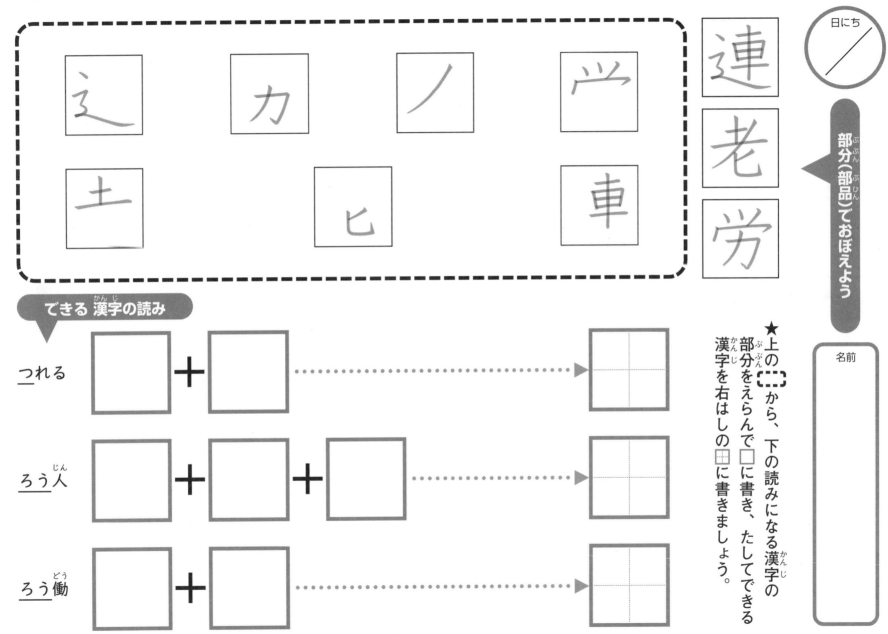

辶　力　ノ　⺍
土　匕　車

できる 漢字の読み

つれる　□＋□ ……▶ 田

ろう人　□＋□＋□ ……▶ 田

ろう働　□＋□ ……▶ 田

日にち

名前

部分(部品)でおぼえよう

録 連 老

★上の[点線の枠]から、下の読みになる漢字の部分をえらんで□に書き、たしてできる漢字を右はしの田に書きましょう。

金	匕	水	ノ			
辶	ヨ	土	車			

できる漢字の読み

ろく画　□＋□＋□ ……▶ 田

つれる　□＋□ ……▶ 田

ろう人　□＋□＋□ ……▶ 田

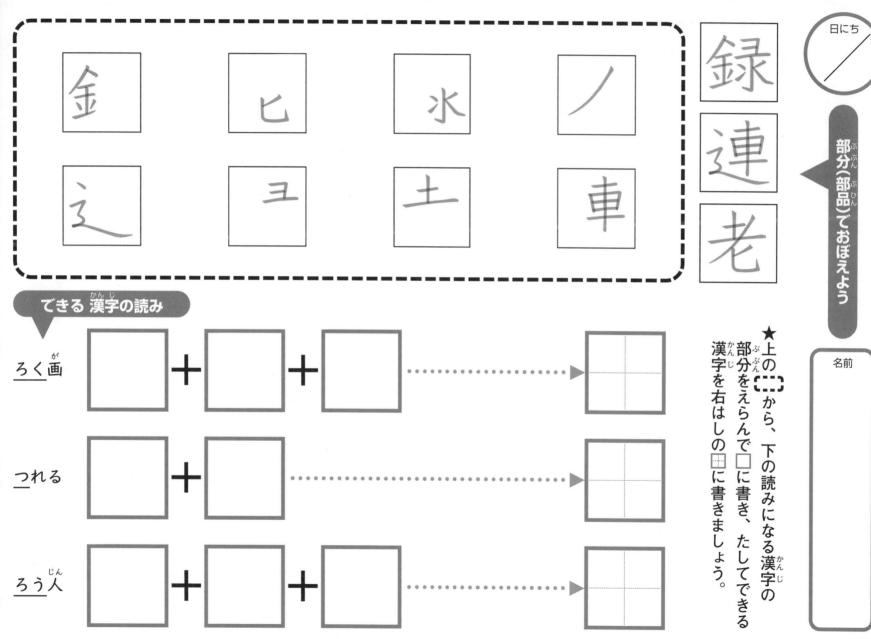

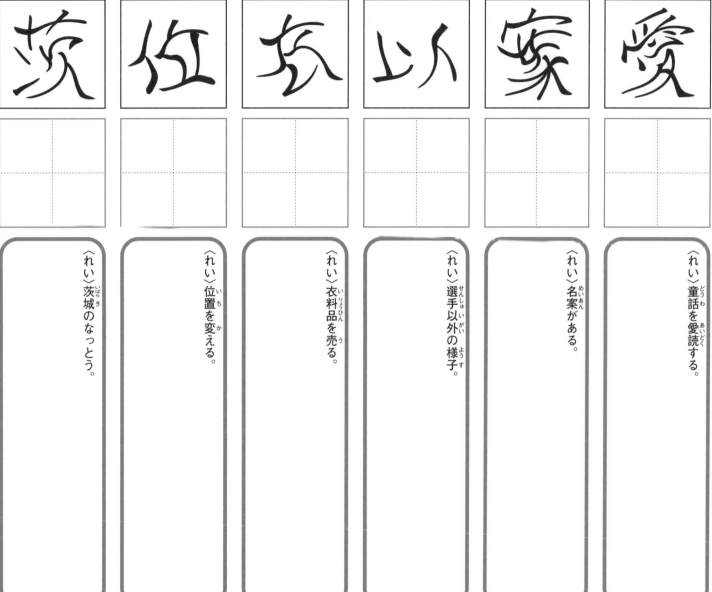

日にち

ぐるぐる漢字・文作り

名前

★漢字がゆがんでいます。□に正しい漢字を書きましょう。

★上の漢字を使った文を、考えて書きましょう。

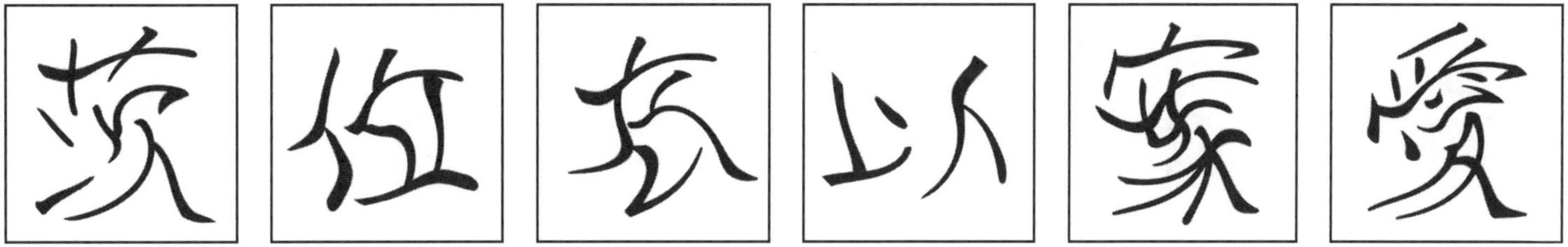

〈れい〉童話を愛読する。

〈れい〉名案がある。

〈れい〉選手以外の様子。

〈れい〉衣料品を売る。

〈れい〉位置を変える。

〈れい〉茨城のなっとう。

日にち　／

ぐるぐる漢字・文作り

名前

★漢字がゆがんでいます。□に正しい漢字を書きましょう。
★上の漢字を使った文を、考えて書きましょう。

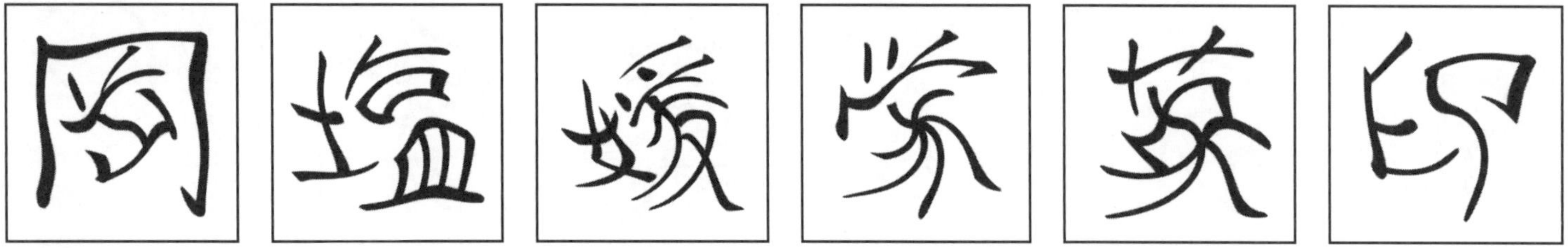

〈れい〉明るい印象。

〈れい〉英語を話す。

〈れい〉必要な栄養。

〈れい〉愛媛のみかん。

〈れい〉塩分をへらす。

〈れい〉岡山のもも。

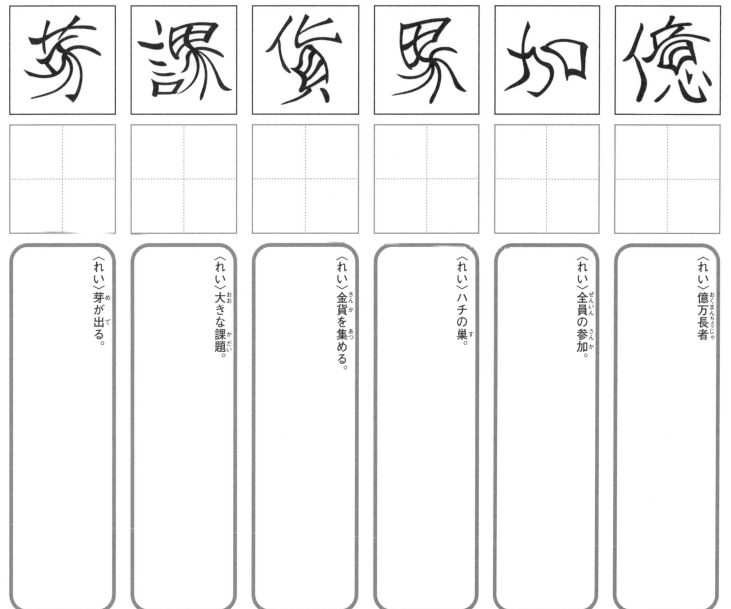

日にち

ぐるぐる漢字・文作り

名前

★漢字がゆがんでいます。□に正しい漢字を書きましょう。
★上の漢字を使った文を、考えて書きましょう。

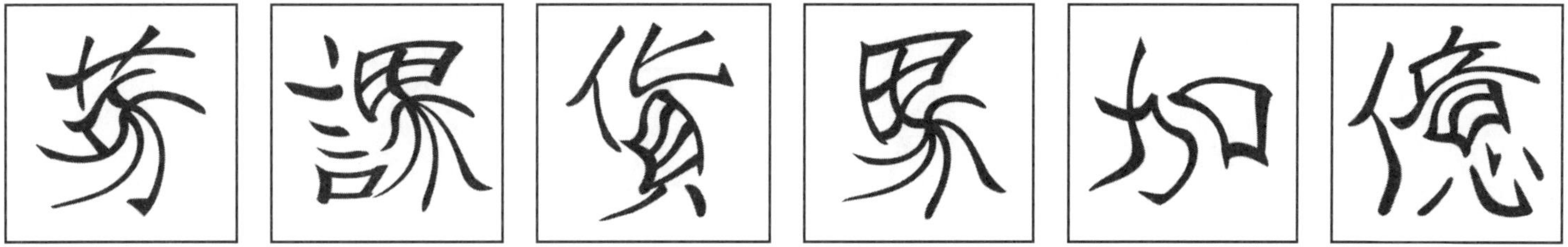

〈れい〉億万長者

〈れい〉全員の参加。

〈れい〉ハチの巣。

〈れい〉金貨を集める。

〈れい〉大きな課題。

〈れい〉芽が出る。

日にち

名前

ぐるぐる漢字・文作り

★漢字がゆがんでいます。□に正しい漢字を書きましょう。

★上の漢字を使った文を、考えて書きましょう。

〈れい〉年賀はがき

〈れい〉機械の改良。

〈れい〉機械を動かす。

〈れい〉水害をふせぐ。

〈れい〉商店街を歩く。

〈れい〉各地の天気。

日にち

名前

ぐるぐる漢字・文作り

★漢字がゆがんでいます。□に正しい漢字を書きましょう。
★上の漢字を使った文を、考えて書きましょう。

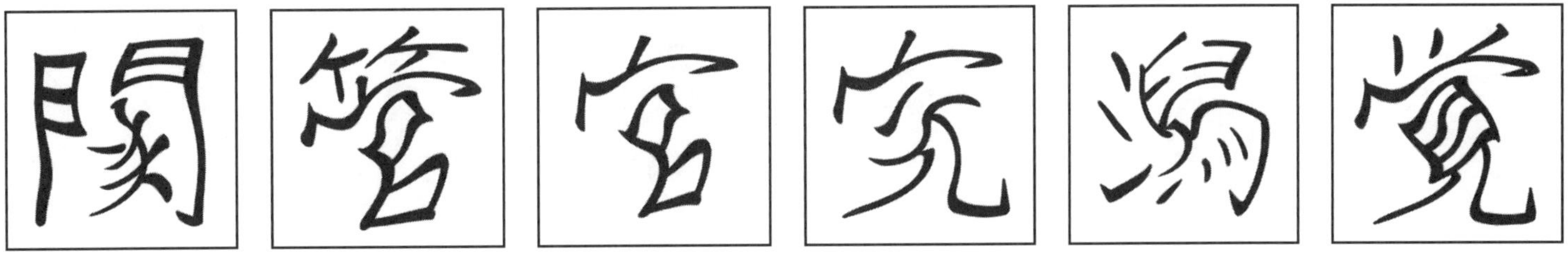

〈れい〉漢字を覚える。

〈れい〉新潟の米。

〈れい〉完成した作品。

〈れい〉消化器官

〈れい〉建物の管理。

〈れい〉昔の関所。関係

ぐるぐる漢字・文作り

日にち　／

名前

★漢字がゆがんでいます。□に正しい漢字を書きましょう。
★上の漢字を使った文を、考えて書きましょう。

〈れい〉観客席をふやす。

〈れい〉願望がかなう。

〈れい〉岐阜の和紙。

〈れい〉希望をもつ。

〈れい〉秋季大運動会

〈れい〉大きな旗。

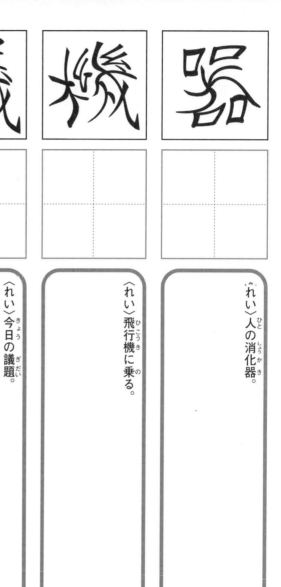

ぐるぐる漢字・文作り

日にち　／

名前

★漢字がゆがんでいます。□に正しい漢字を書きましょう。
★上の漢字を使った文を、考えて書きましょう。

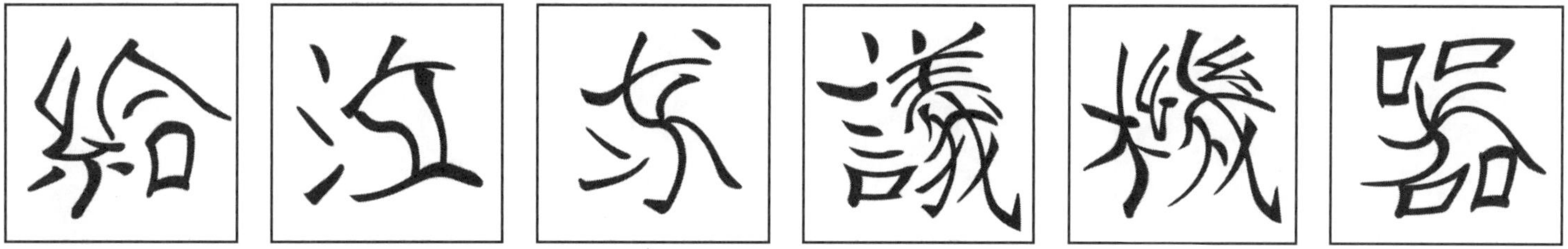

〈れい〉人の消化器。

〈れい〉飛行機に乗る。

〈れい〉今日の議題。

〈れい〉仕事を求める。

〈れい〉子どもが泣く。

〈れい〉豆の配給。

日にち

ぐるぐる漢字・文作り

名前

★漢字がゆがんでいます。□に正しい漢字を書きましょう。
★上の漢字を使った文を、考えて書きましょう。

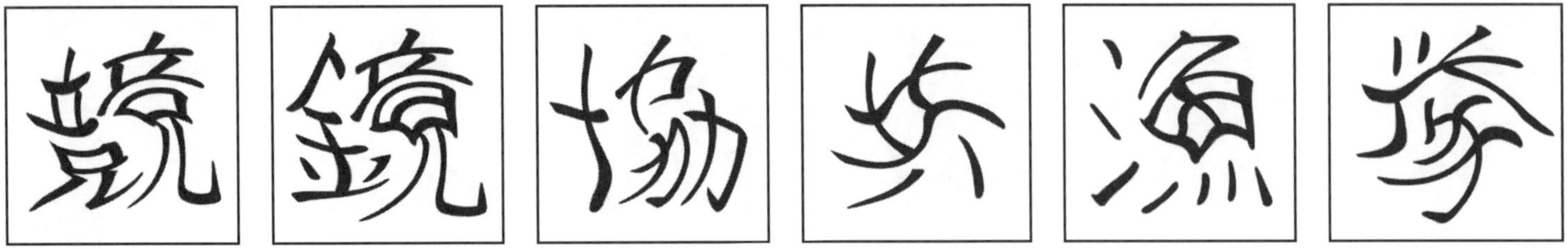

〈れい〉委員の選挙。

〈れい〉漁に出る。

〈れい〉共感をよぶ。

〈れい〉協力して作る。

〈れい〉天体望遠鏡

〈れい〉百メートル競走

日にち

ぐるぐる漢字・文作り

名前

★漢字がゆがんでいます。□に正しい漢字を書きましょう。
★上の漢字を使った文を、考えて書きましょう。

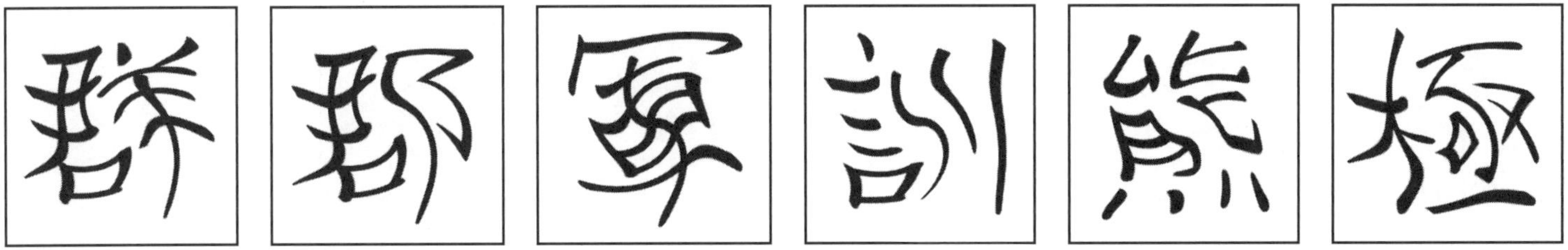

〈れい〉積極的に話す。

〈れい〉熊本城を見る。

〈れい〉漢字の訓読み。

〈れい〉軍歌を聞く。

〈れい〉千葉県長生郡

〈れい〉ガンの群れ。

日にち

ぐるぐる漢字・文作り

名前

★漢字がゆがんでいます。□に正しい漢字を書きましょう。
★上の漢字を使った文を、考えて書きましょう。

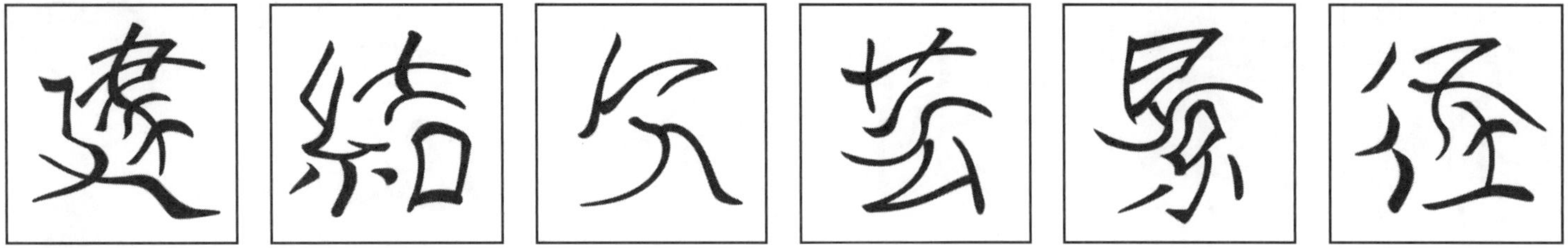

〈れい〉円の直径。

〈れい〉近景をえがく。

〈れい〉手芸が得意だ。

〈れい〉注意を欠く。

〈れい〉結局やめた。

〈れい〉家を建てる。

日にち ／

ぐるぐる漢字・文作り

名前

★漢字がゆがんでいます。□に正しい漢字を書きましょう。
★上の漢字を使った文を、考えて書きましょう。

〈れい〉健全なせい神。

〈れい〉体験を話す。

〈れい〉土を固める。

〈れい〉成功をいのる。

〈れい〉好きな歌。

〈れい〉香川のうどん。

ぐるぐる漢字(かんじ)・文作り

日にち　／

名前

★漢字(かんじ)がゆがんでいます。□に正しい漢字(かんじ)を書きましょう。

★上の漢字(かんじ)を使(つか)った文を、考えて書きましょう。

〈れい〉世界(せかい)の気候(きこう)。

〈れい〉健康(けんこう)しんだん

〈れい〉佐賀(さが)の焼(や)き物(もの)。

〈れい〉日(ひ)が差(さ)す。

〈れい〉菜(な)の花(はな)がさく。

〈れい〉最高(さいこう)に幸(しあわ)せだ。

日にち

ぐるぐる漢字・文作り

名前

★漢字がゆがんでいます。□に正しい漢字を書きましょう。
★上の漢字を使った文を、考えて書きましょう。

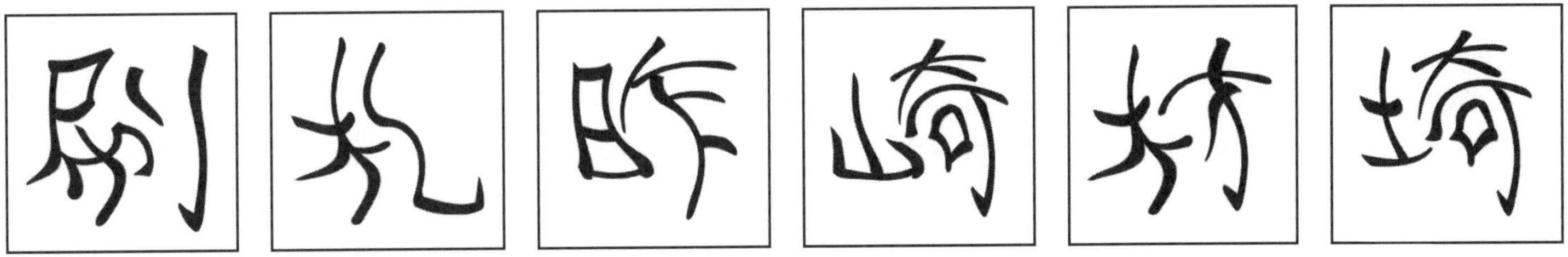

〈れい〉埼玉のお茶。

〈れい〉取材を受ける。

〈れい〉長崎の平和公園。

〈れい〉昨夜の雨。

〈れい〉お札を出す。

〈れい〉本の印刷。

ぐるぐる漢字・文作り

日にち　／

名前

★漢字がゆがんでいます。□に正しい漢字を書きましょう。

★上の漢字を使った文を、考えて書きましょう。

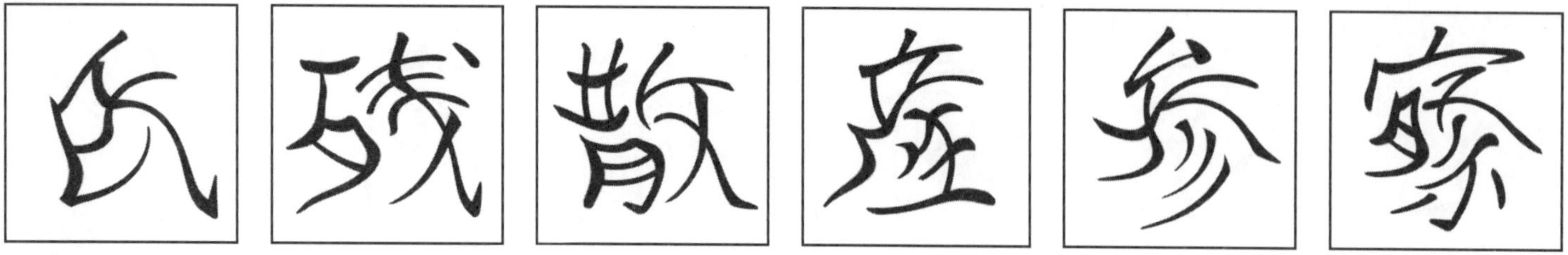

〈れい〉虫を観察する。

〈れい〉式に参列する。

〈れい〉たまごを産む。

〈れい〉紙を散らす。

〈れい〉教室に残る。

〈れい〉住所と氏名。

日にち

ぐるぐる漢字・文作り

名前

★漢字がゆがんでいます。□に正しい漢字を書きましょう。
★上の漢字を使った文を、考えて書きましょう。

司

〈れい〉司会をする。

試

〈れい〉サッカーの試合。

児

〈れい〉児童が登校する。

治

〈れい〉けがが治る。

滋

〈れい〉滋賀の湖。

辞

〈れい〉辞書を引く。

日にち

ぐるぐる漢字・文作り

名前

★漢字がゆがんでいます。□に正しい漢字を書きましょう。

★上の漢字を使った文を、考えて書きましょう。

〈れい〉鹿児島のつる。

〈れい〉失言をする。

〈れい〉本を借りる。

〈れい〉種類が多い。

〈れい〉池の周り。

〈れい〉十一月の祝日。

日にち

ぐるぐる漢字・文作り

名前

★漢字がゆがんでいます。□に正しい漢字を書きましょう。
★上の漢字を使った文を、考えて書きましょう。

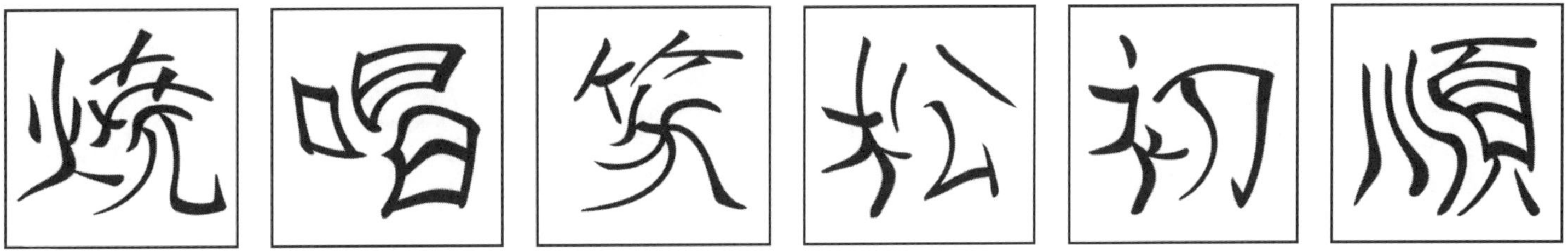

〈れい〉順にならべる。

〈れい〉最初の言葉。

〈れい〉松たけのかおり。

〈れい〉大声で笑う。

〈れい〉念ぶつを唱える。

〈れい〉世話を焼く。

日にち　／

名前

ぐるぐる漢字・文作り

★漢字がゆがんでいます。□に正しい漢字を書きましょう。
★上の漢字を使った文を、考えて書きましょう。

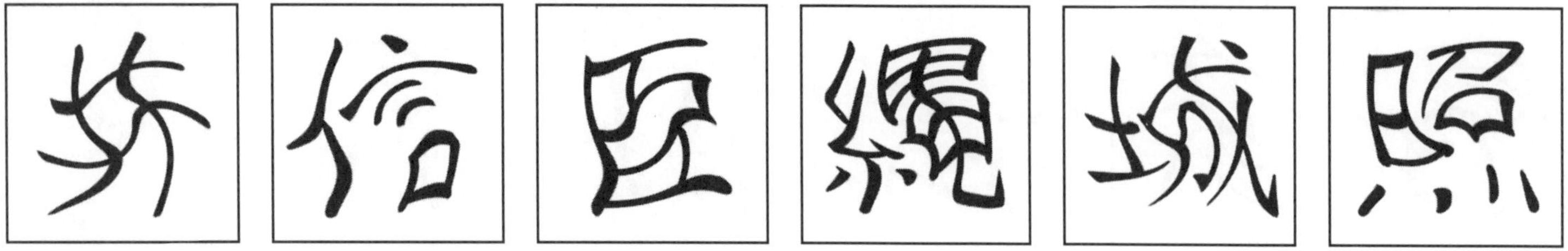

〈れい〉日が照る。

〈れい〉お城まで歩く。

〈れい〉沖縄の水族館。

〈れい〉大臣の発言。

〈れい〉交差点の信号。

〈れい〉福井のかに。

日にち

名前

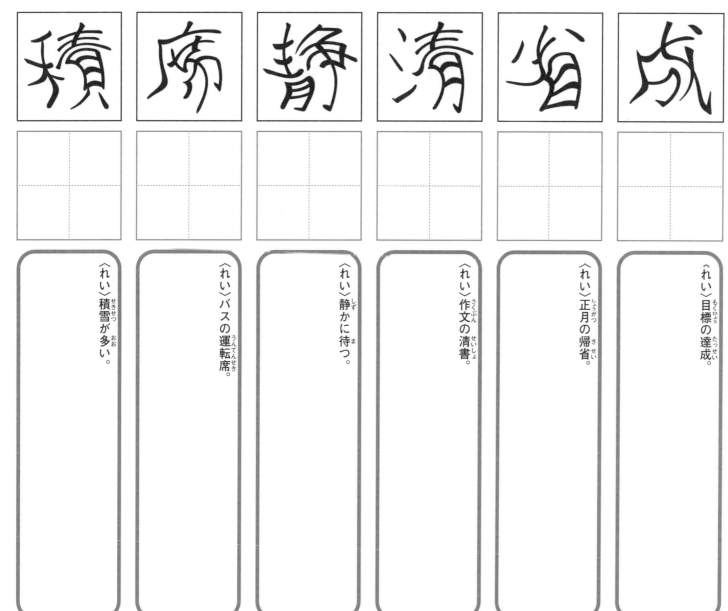

ぐるぐる漢字・文作り

★漢字がゆがんでいます。□に正しい漢字を書きましょう。

★上の漢字を使った文を、考えて書きましょう。

成

〈れい〉目標の達成。

省

〈れい〉正月の帰省。

清

〈れい〉作文の清書。

静

〈れい〉静かに待つ。

席

〈れい〉バスの運転席。

積

〈れい〉積雪が多い。

日にち　／

ぐるぐる漢字・文作り

名前

★漢字がゆがんでいます。□に正しい漢字を書きましょう。
★上の漢字を使った文を、考えて書きましょう。

〈れい〉かれえだを折る。

〈れい〉美しい季節。

〈れい〉説明を聞く。

〈れい〉きずは浅い。

〈れい〉決勝戦の相手。

〈れい〉リレーの選手。

日にち　／

ぐるぐる漢字・文作り

名前

★漢字がゆがんでいます。□に正しい漢字を書きましょう。
★上の漢字を使った文を、考えて書きましょう。

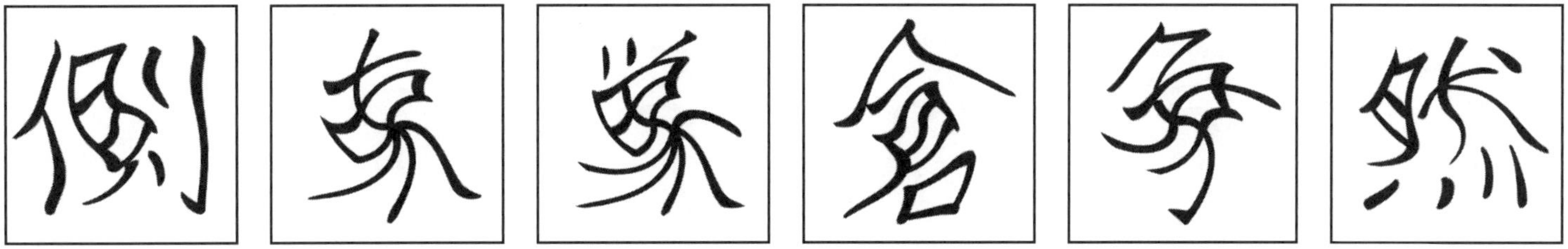

〈れい〉自然を守る。

〈れい〉戦争をしない。

〈れい〉倉庫の中。

〈れい〉ハチの巣。

〈れい〉花束をおくる。

〈れい〉道の右側。

日にち

ぐるぐる漢字・文作り

名前

★漢字がゆがんでいます。□に正しい漢字を書きましょう。
★上の漢字を使った文を、考えて書きましょう。

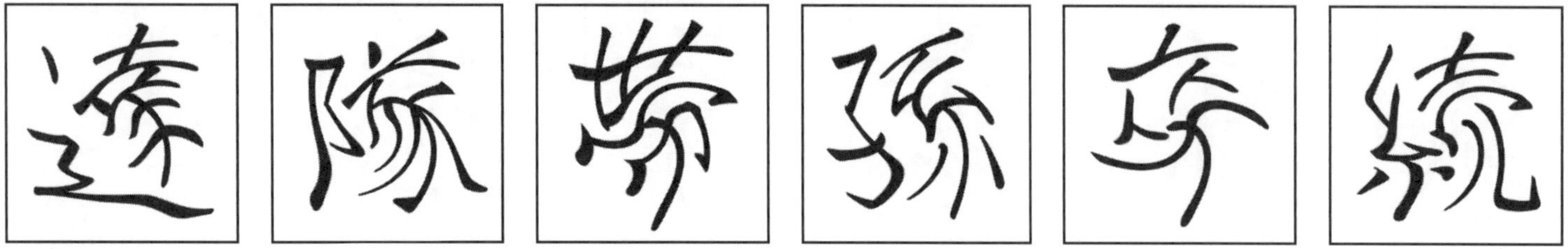

〈れい〉話が続く。

〈れい〉卒業を祝う。

〈れい〉孫と遊ぶ。

〈れい〉包帯・長い帯。

〈れい〉外国の兵隊。

〈れい〉速達で送る。

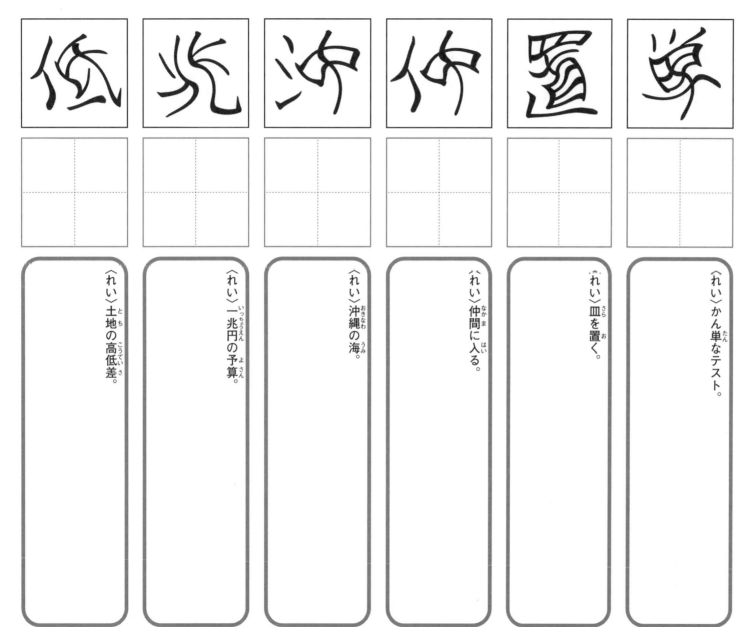

日にち

ぐるぐる漢字・文作り

名前

★漢字がゆがんでいます。□に正しい漢字を書きましょう。

★上の漢字を使った文を、考えて書きましょう。

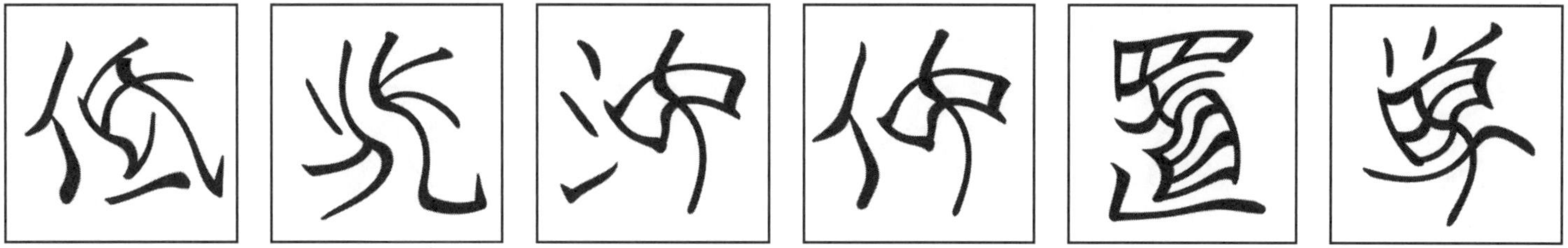

〈れい〉かん単なテスト。

〈れい〉皿を置く。

〈れい〉仲間に入る。

〈れい〉沖縄の海。

〈れい〉一兆円の予算。

〈れい〉土地の高低差。

日にち

ぐるぐる漢字・文作り

名前

★漢字がゆがんでいます。□に正しい漢字を書きましょう。
★上の漢字を使った文を、考えて書きましょう。

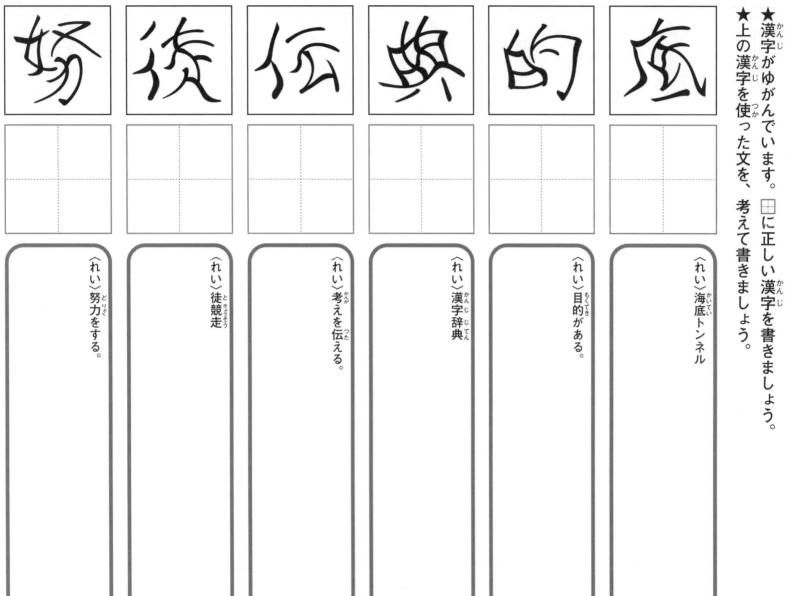

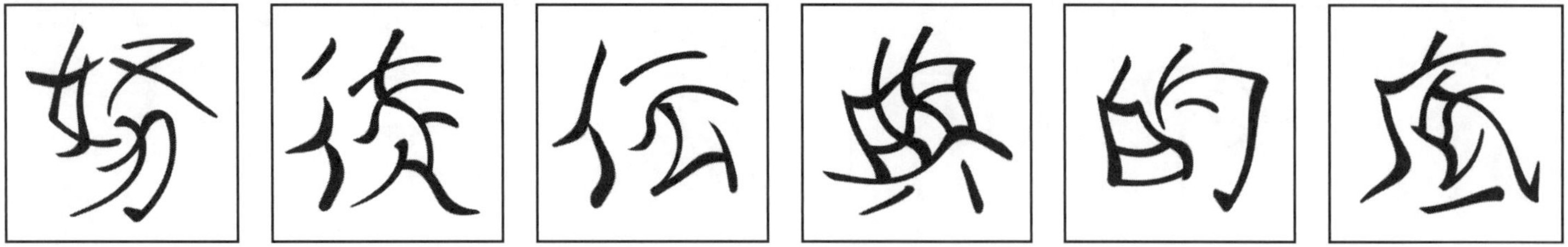

〈れい〉海底トンネル

〈れい〉目的がある。

〈れい〉漢字辞典

〈れい〉考えを伝える。

〈れい〉徒競走

〈れい〉努力をする。

日にち　／

ぐるぐる漢字・文作り

名前

★漢字がゆがんでいます。□に正しい漢字を書きましょう。
★上の漢字を使った文を、考えて書きましょう。

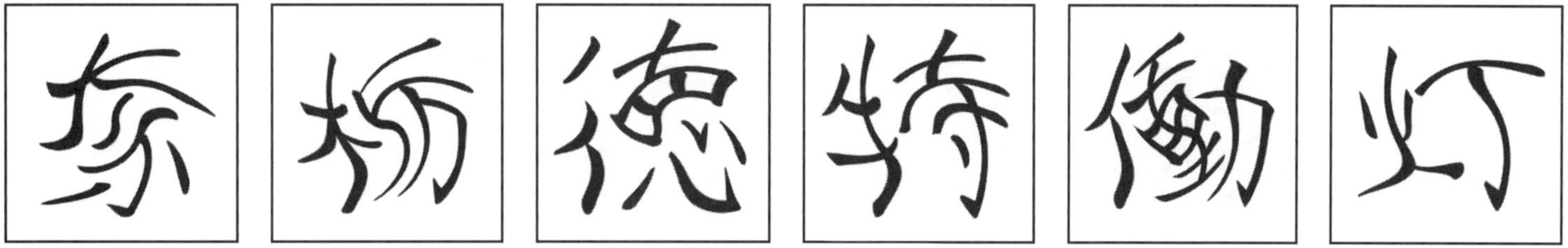

〈れい〉みさきの灯台。

〈れい〉頭の働き。

〈れい〉特別な言葉。

〈れい〉道徳の時間。

〈れい〉栃木のいちご。

〈れい〉神奈川の魚。

ぐるぐる漢字・文作り

日にち　／

名前

★漢字がゆがんでいます。□に正しい漢字を書きましょう。
★上の漢字を使った文を、考えて書きましょう。

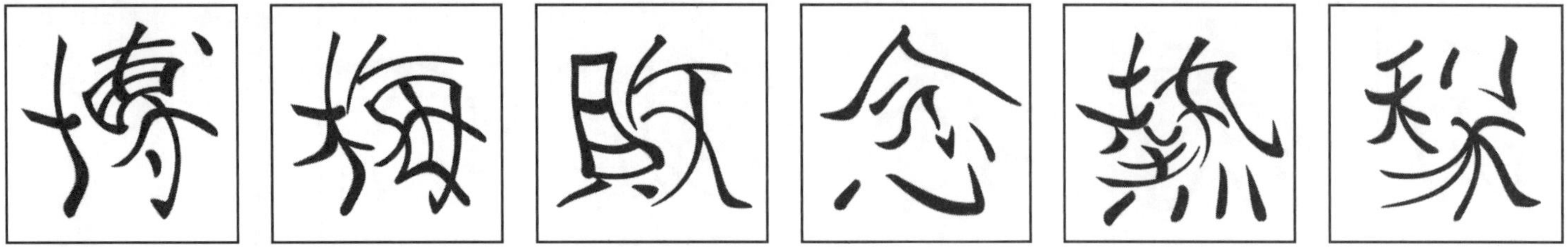

〈れい〉山梨のぶどう。

〈れい〉熱いお茶。

〈れい〉念ぶつ

〈れい〉敗北が決まる。

〈れい〉梅の花がさく。

〈れい〉博物館の見学。

日にち　／

ぐるぐる漢字・文作り

名前

★漢字がゆがんでいます。□に正しい漢字を書きましょう。
★上の漢字を使った文を、考えて書きましょう。

〈れい〉大阪のたこやき。

〈れい〉昼飯を食べる。

〈れい〉鳥が飛ぶ。

〈れい〉必ず帰る。

〈れい〉投票に行く。

〈れい〉今月の目標。

日にち　／

ぐるぐる漢字・文作り

名前

★漢字がゆがんでいます。□に正しい漢字を書きましょう。
★上の漢字を使った文を、考えて書きましょう。

〈れい〉不自由な生活。

〈れい〉キュリー夫人

〈れい〉葉がへばり付く。

〈れい〉府立体育館

〈れい〉岐阜城を見る。

〈れい〉変化に富む。

日にち

ぐるぐる漢字・文作り

名前

★漢字がゆがんでいます。□に正しい漢字を書きましょう。

★上の漢字を使った文を、考えて書きましょう。

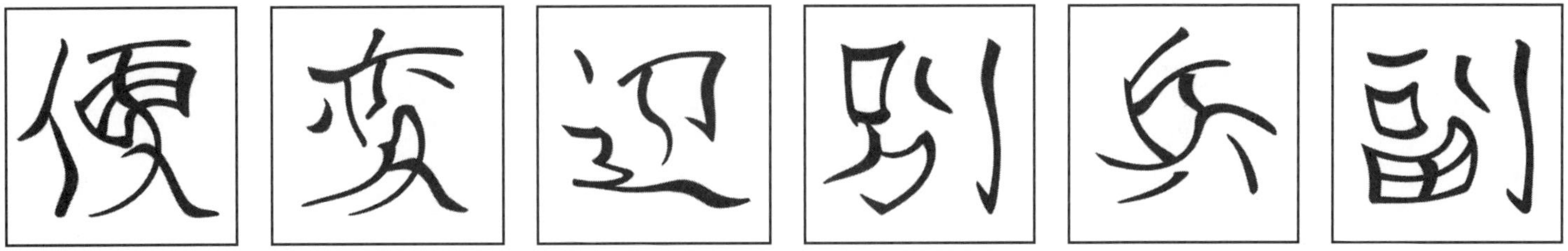

〈れい〉副会長になる。

〈れい〉わかい水兵。

〈れい〉別の店に入る。

〈れい〉駅の辺り。

〈れい〉気持ちの変化。

〈れい〉交通が不便だ。

日にち

ぐるぐる漢字・文作り

★漢字がゆがんでいます。□に正しい漢字を書きましょう。
★上の漢字を使った文を、考えて書きましょう。

名前

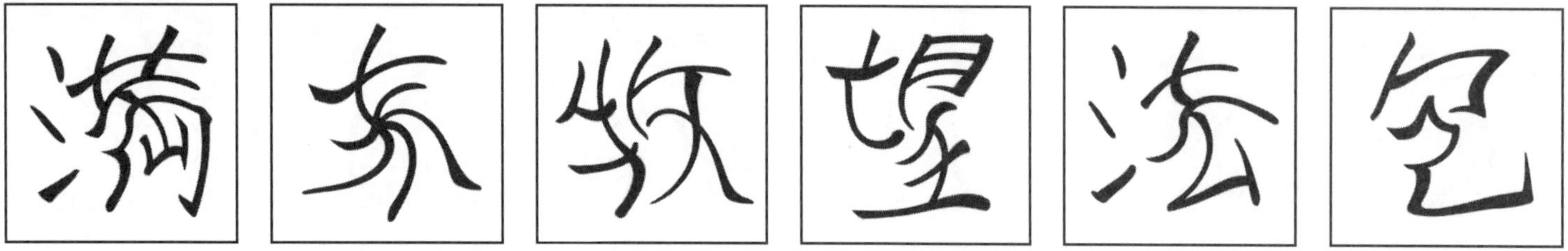

〈れい〉青い包そう紙。

〈れい〉練習の方法。

〈れい〉待望の夏休み。

〈れい〉広い牧場。

〈れい〉物語の結末。

〈れい〉満員の会場。

日にち

ぐるぐる漢字・文作り

名前

★漢字がゆがんでいます。□に正しい漢字を書きましょう。
★上の漢字を使った文を、考えて書きましょう。

〈れい〉未来の世界。

〈れい〉海辺の民宿。

〈れい〉無理な話。　無事

〈れい〉物語の要約。

〈れい〉勇ましい人。

〈れい〉必要な道具。

ぐるぐる漢字・文作り

日にち　／

名前

★漢字がゆがんでいます。□に正しい漢字を書きましょう。
★上の漢字を使った文を、考えて書きましょう。

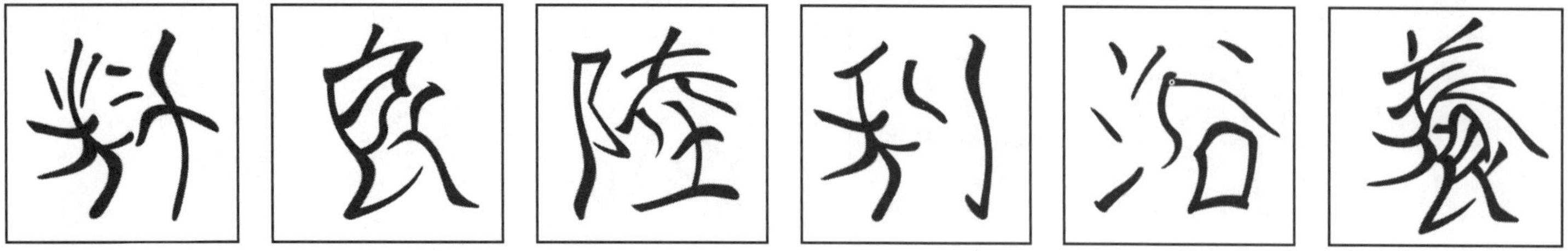

〈れい〉養分を送る。

〈れい〉日を浴びる。

〈れい〉便利な方法。

〈れい〉陸上競ぎ

〈れい〉仲良しが集まる。

〈れい〉原料を調べる。

日にち

ぐるぐる漢字・文作り

名前

★漢字がゆがんでいます。□に正しい漢字を書きましょう。

★上の漢字を使った文を、考えて書きましょう。

〈れい〉川の水量。

〈れい〉一輪の花。

〈れい〉漢字の分類。

〈れい〉号令をかける。

〈れい〉冷たい風。

〈れい〉例を挙げる。

日にち

名前

ぐるぐる漢字・文作り

★漢字がゆがんでいます。□に正しい漢字を書きましょう。
★上の漢字を使った文を、考えて書きましょう。

〈れい〉犬を連れた人。

〈れい〉老後の生活。

〈れい〉苦労が多い。

〈れい〉よい記録を出す。

ご自由にお使いください

【監　修】

小池 敏英（こいけ・としひで）

尚絅学院大学教授。東京学芸大学名誉教授。博士（教育学）。

ＮＰＯ法人スマイル・プラネット理事（特別支援担当）。

1976年，東京学芸大学教育学部を卒業。同大学大学院教育学研究科修士課程，東北大学教育学研究科博士課程を修了。

東京学芸大学教育学部講師，助教授をへて2000年より教授に。

専門はＬＤの子の認知評価と学習支援，発達障害の子や重症心身障害の子のコミュニケーション支援。読み書きが苦手な子の相談を受け，支援を実践している。ＬＤ，ディスレクシアに関する研修や講演で講師歴多数。主な書籍に『“遊び活用型”読み書き支援プログラム 学習評価と教材作成ソフトに基づく統合的支援の展開』（図書文化社，共編著）など。

【共　著】
ＮＰＯ法人スマイル・プラネット
すべての子どもたちが，笑顔で自分らしく成長していくためには，学校教育を通して，生涯教育の基礎を身につけていくことが必要です。ＮＰＯ法人スマイル・プラネットは，特別支援が必要な児童が“学びの基礎”を身につけるサポート，また，夢・キャリア教育を通した子どもたちの学習意欲の向上や学習習慣の定着のサポートを中心に事業を展開しています。

▶認知特性別プレ漢字プリント教科書準拠版（光村・東書）
▶プレ漢字プリント標準版（１～３年）
▶読み書きスキル簡易アセスメント
などのダウンロードプリント教材を，Webサイトより無償提供。
https://www.smileplanet.net/

読み書きが苦手な子どもに漢字を楽しむ１冊を！

プレ漢字ワーク４年

2021年6月1日　第1版第1刷発行
監　修　小池敏英
共　著　ＮＰＯ法人スマイル・プラネット
発行者　長谷川知彦
発行所　株式会社　光文書院
〒102-0076　東京都千代田区五番町14
電話　03-3262-3271（代）
https://www.kobun.co.jp/
表紙デザイン　株式会社エイブルデザイン

2021 Printed in Japan ISBN978-4-7706-1129-1
＊落丁・乱丁本は，送料小社負担にて，お取り替えいたします。

21-1